detir,
agir e

inter
saberes

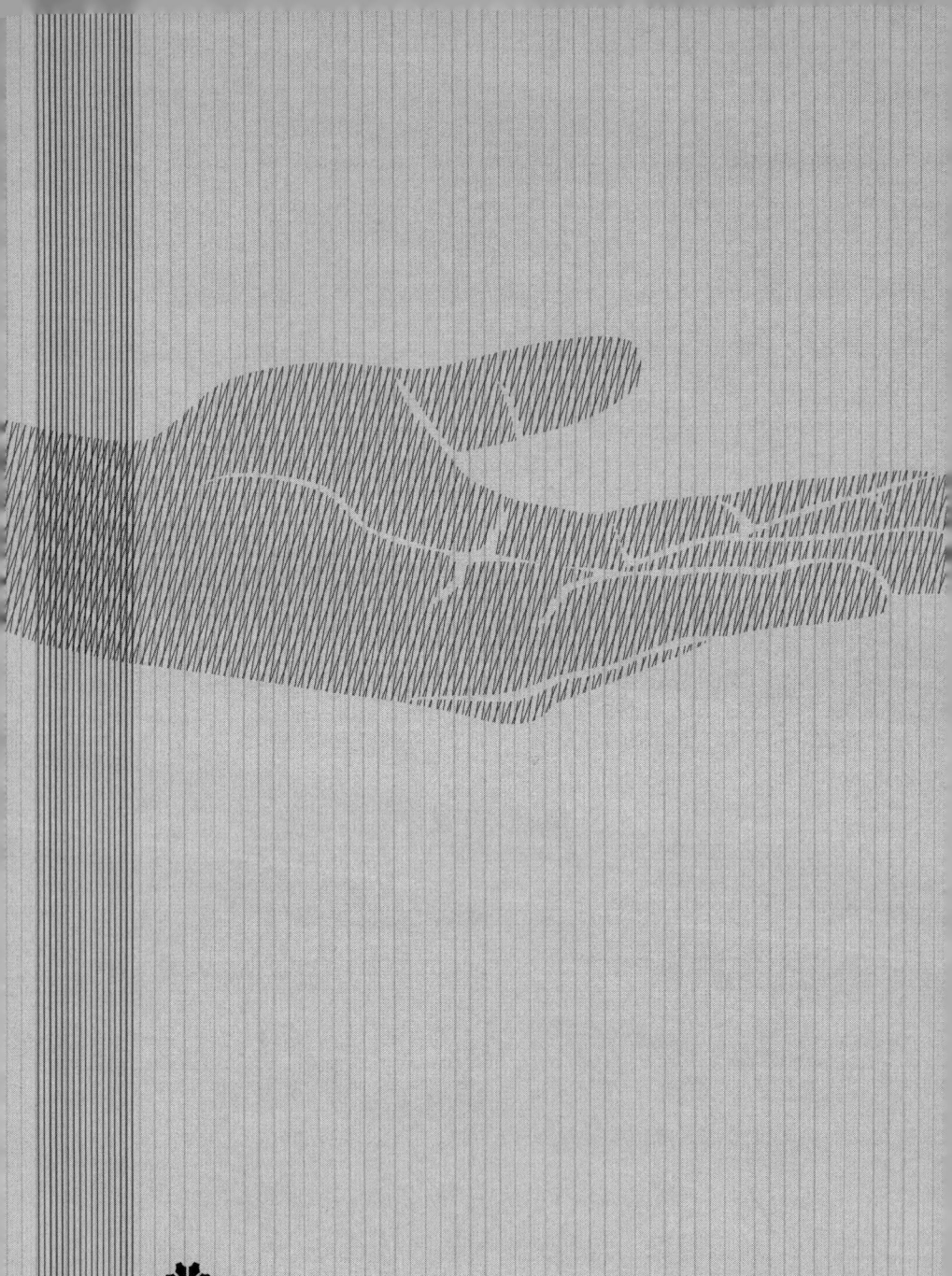

Pesquisa-ação: pesquisar, refletir, agir e transformar

Gisele Maria Amim Caldas Lorenzi

inter saberes

Conselho editorial
Dr. Ivo José Both (presidente)
Drª Elena Godoy
Dr. Neri dos Santos
Dr. Ulf Gregor Baranow

Editora-chefe
Lindsay Azambuja

Gerente editorial
Ariadne Nunes Wenger

Assistente editorial
Daniela Viroli Pereira Pinto

Preparação de originais
Luiz Gustavo Micheletti Bazana

Edição de texto
Caroline Rabelo Gomes

Projeto gráfico
Laís Galvão

Capa
Iná Trigo (*design*)
Plasteed/Shutterstock (imagem)

Diagramação
Fabiola Penso

Equipe de *design*
Iná Trigo

Iconografia
Sandra Lopis da Silveira
Regina Cláudia Cruz Prestes

Dados Internacionais de Catalogação na Publicação (CIP)
(Câmara Brasileira do Livro, SP, Brasil)

Lorenzi, Gisele Maria Amim Caldas
 Pesquisa-ação: pesquisar, refletir, agir e transformar/Gisele Maria Amim Caldas Lorenzi. Curitiba: InterSaberes, 2021.

 Bibliografia.
 ISBN 978-65-5517-917-0

 1. Ciências sociais – Pesquisa 2. Metodologia 3. Pesquisa – Metodologia 4. Pesquisa-ação 5. Transformação I. Título.

21-54476   CDD-001.42

Índices para catálogo sistemático:
1. Metodologia da pesquisa   001.42
2. Pesquisa-ação: Metodologia   001.42

Maria Alice Ferreira – Bibliotecária – CRB-8/7964

1ª edição, 2021.
Foi feito o depósito legal.

Informamos que é de inteira responsabilidade da autora a emissão de conceitos.

Nenhuma parte desta publicação poderá ser reproduzida por qualquer meio ou forma sem a prévia autorização da Editora InterSaberes.

A violação dos direitos autorais é crime estabelecido na Lei n. 9.610/1998 e punido pelo art. 184 do Código Penal.

Rua Clara Vendramin, 58 ▪ Mossunguê ▪ CEP 81200-170 ▪ Curitiba ▪ PR ▪ Brasil
Fone: (41) 2106-4170 ▪ www.intersaberes.com ▪ editora@intersaberes.com

Sumário

Apresentação | 13
Como aproveitar ao máximo este livro | 16

1. **Conceitos fundamentais | 21**
   1.1 Prática social e política | 23

2. **Retroceder para conhecer | 39**
   2.1 Surgimento da pesquisa-ação | 41
   2.2 Opressão nazista | 42
   2.3 Kurt Lewin | 43
   2.4 John Dewey | 48
   2.5 Ronald Lippitt | 50
   2.6 John Collier | 51

3. **Alicerce brasileiro | 59**
   3.1 Paulo Freire | 61
   3.2 Bosco Pinto | 65

4. **Pilares da pesquisa-ação | 75**
   4.1 Princípios da pesquisa-ação | 77

5. **Pesquisador, quem é você? | 93**
   5.1 Competência e habilidade | 95
   5.2 Competências e habilidades do pesquisador | 96

6. **Modalidades e metodologia da pesquisa-ação | 107**
   6.1 Modalidades da pesquisa-ação | 109
   6.2 Metodologia da pesquisa-ação | 117
   6.3 Momentos, fases e passos da pesquisa-ação | 118

Considerações finais | 165
Referências | 167
Respostas | 173
Sobre a autora | 179

Agradecimentos

Em diversas ocasiões, ouvi que todos deveriam vivenciar três experiências: plantar uma árvore, ter um filho e escrever um livro, não necessariamente nesta ordem. Pode parecer banal e repetitivo iniciar assim, porém são experiências bem distintas.

Não tenho registro de nenhuma árvore que plantei, mas posso afirmar que contribuí para muitas sobreviverem e transformarem-se em frondosas palmeiras ou em outras espécies.

Tive a felicidade de gerar três filhos. Um deles, em virtude de uma gravidez interrompida, tornou-se uma linda estrela que brilha todas as noites, e os outros dois, Pedro e Isabelle, ensinam-me a arte de ser mãe, sogra e avó dia a dia.

E, aproveitando o momento caótico gerado pela pandemia de Covid-19 que nos obrigou a ficar em isolamento social, consegui transformar um sonho em realidade: escrevi este livro.

Olhar para trás, viver o presente e planejar o futuro me faz grata por ter chegado até aqui, por viver tudo o que vivi e por poder dizer às pessoas que compartilharam minha caminhada o quanto são importantes.

Assim, agradeço:

A meus pais, Gisel e Baby, que sempre nos diziam: as melhores heranças que deixaremos a vocês são os valores que sustentam nossa família, a fé em Deus e a educação.

À tia Saloa, aquela que sempre viu os desafios como motivação para ir mais longe. Humildade, simplicidade e companheirismo são suas marcas, que se traduziram, na vida profissional, em uma carreira no magistério marcada por grandes conquistas e, na vida pessoal, em um exemplo a seguir, uma pessoa muito especial.

A Guilherme, meu esposo, meu maior incentivador em todos os momentos, que me estimula a sair da zona de conforto e me apoia quando estou no "olho do furacão". Amor incondicional.

A meus filhos, Pedro e Isabelle, por me entenderem e me apoiarem. Estendo o agradecimento a Ana Flávia, minha nora, e Bruno, quase genro.

A todos que integram meu núcleo familiar: irmãos, irmã, cunhados(as), sobrinhos(as) e sogra pelos bons momentos que passamos juntos, pelo estímulo e pela diversidade de opiniões que enriquecem nosso convívio.

À professora Dra. Jandicleide E. Lopes, coordenadora do Curso Superior de Educador Social do Centro Universitário Internacional Uninter, que me convidou para ministrar a disciplina de Pesquisa-Ação e me indicou para redigir este material.

À Universidade Positivo, na qual tive a oportunidade de coordenar as atividades do Núcleo de Estudos e Laboratório de Cidades, de conhecer milhares de pessoas e de vivenciar a experiência aqui descrita. A cada um de vocês que fizeram parte dessa caminhada, dedico, com carinho, minha eterna gratidão. Não é possível citar todos os nomes em razão da magnitude do projeto desenvolvido, mas tenham certeza de que cada um foi essencial nesse processo. Destacarei, no entanto, dois nomes: Rogério Mainardes, quem idealizou o Núcleo de Estudos e Laboratório de Cidades e, por intermédio deste, a proposta de Mobilização Universitária para o Desenvolvimento Regional; e Elisabete Tiemi Arazaki, quem coordenou, na primeira etapa, as atividades deste Programa. Estendo os agradecimentos a Mirieli Zanetti, que foi Coordenadora do Curso de Tecnologia em Gestão Ambiental e, confiando em meu trabalho, indicou-me para o Núcleo de Estudos e Laboratório de Cidades.

À extinta Faculdade Evangélica do Paraná (Fepar), onde iniciei as atividades de extensão universitária e que me abriu portas para outras ações nesse campo. Gratidão aos colegas professores pela parceria e aos alunos, que se tornaram amigos.

À Universidade Federal do Paraná (UFPR), onde conheci, familiarizei-me e passei a atuar segundo os princípios da pesquisa-ação. A todos os que me ensinaram e aos amigos que fiz, minha gratidão.

À Universidade de Taubaté (Unitau) e à Universidade do Vale do Paraíba (Univap), instituições em que me graduei, respectivamente, em Ciências Biológicas e Ciências Sociais, permitindo-me desenvolver uma visão sistêmica da interação entre seres humanos e ambiente.

E a você, que dedica seu tempo a este material, boa leitura!

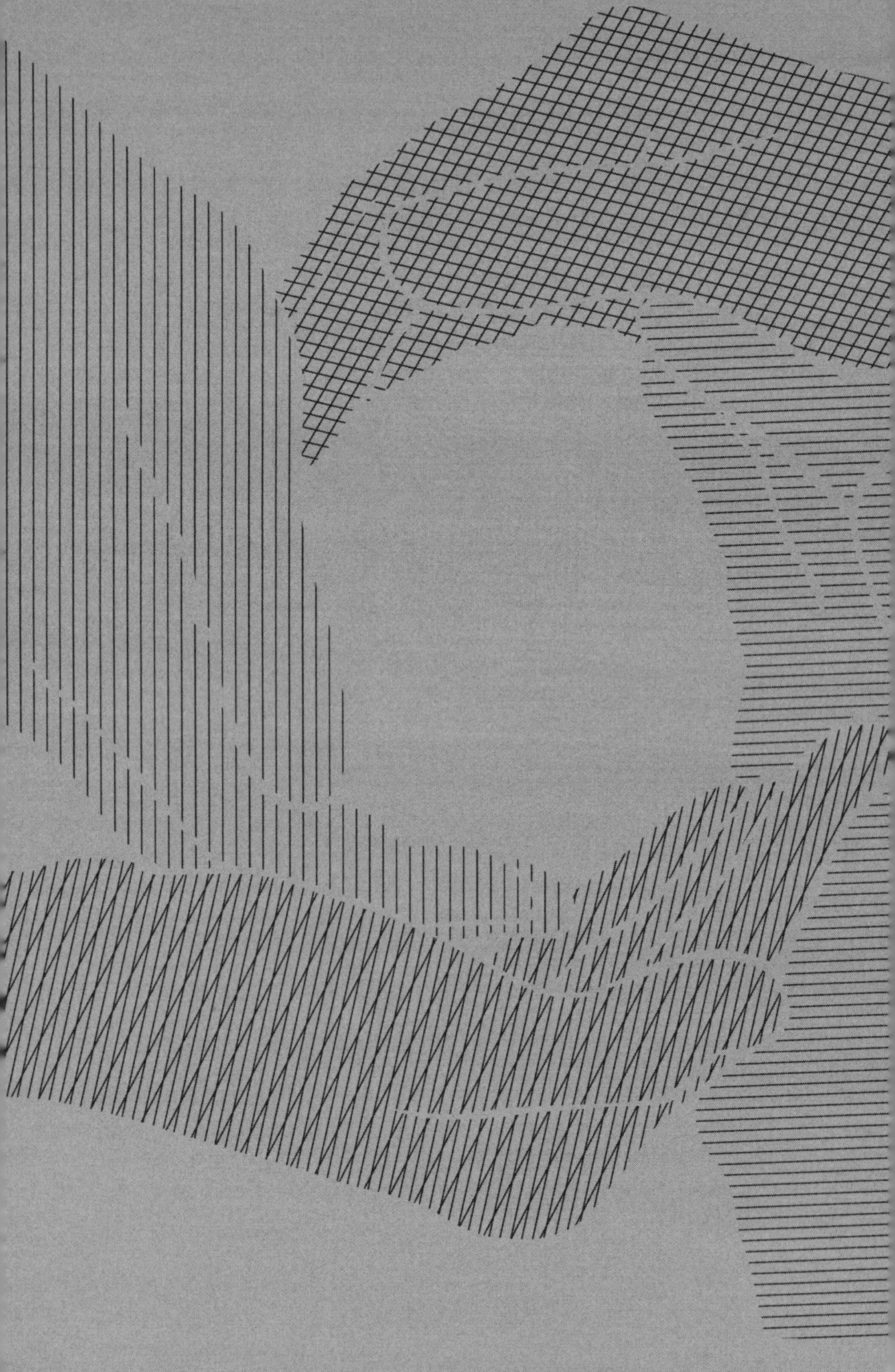

Dedicatória

A Laura e Augusto, meus netinhos amados, e aos netos que ainda virão, como inspiração na busca de seus sonhos. Não importa o que façam, façam-no com sabedoria, ética e amor ao próximo. Inspirem outros!

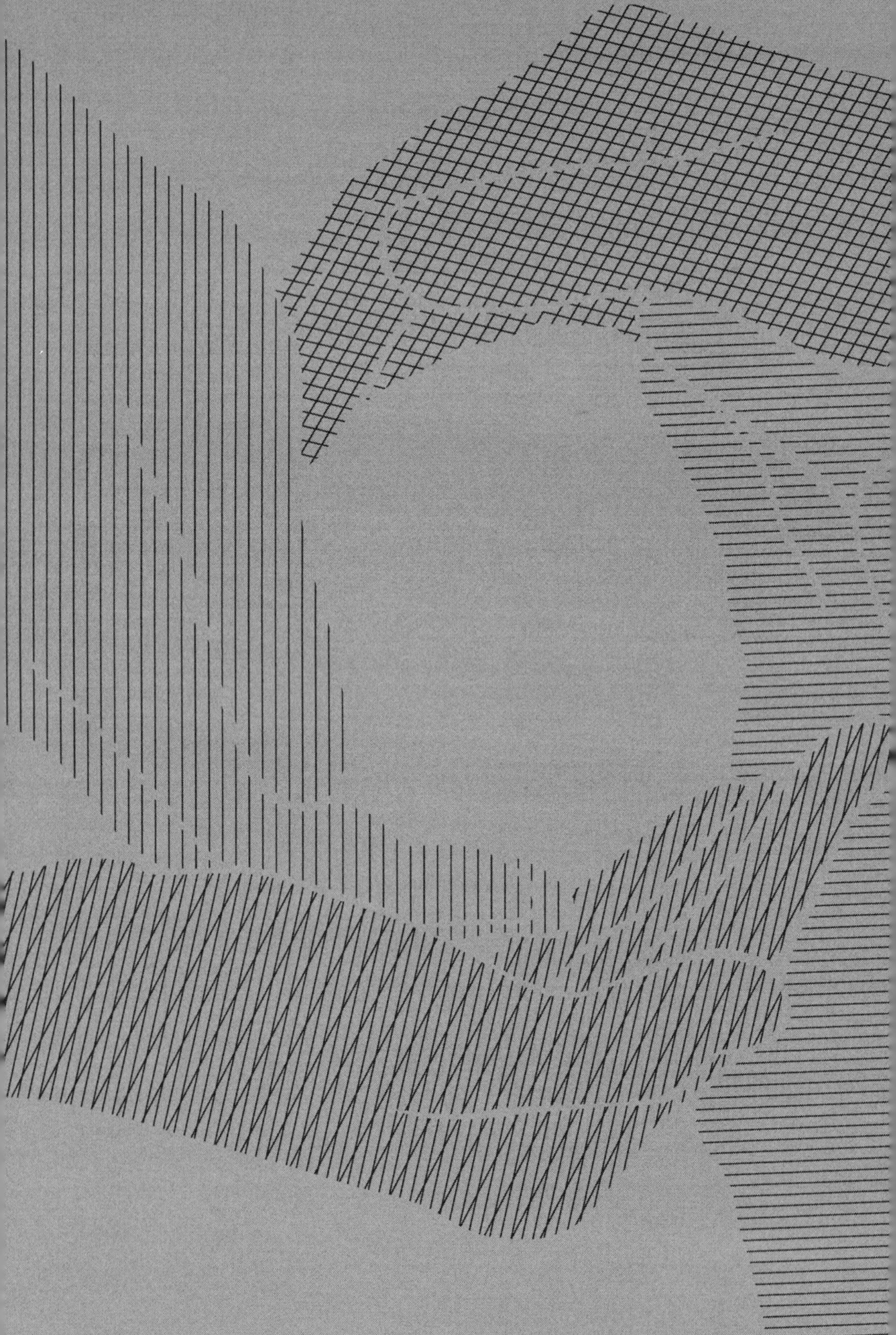

Apresentação

Este livro foi idealizado com o propósito de convidá-lo a percorrer o caminho da pesquisa--ação-transformação. Esperamos que esta obra possa ser útil a todos aqueles que buscam, por intermédio de sua prática profissional, contribuir com a transformação do espaço social e político. Pesquisar, agir e transformar são processos que fazem parte do cotidiano de diversos profissionais. Em geral, esses atos têm como ponto de partida a formação acadêmica, isto é, experiências vivenciadas no processo de formação. Em alguns casos, esses processos surgem de atividades experienciadas no âmbito pessoal antes do ingresso em um curso de formação profissional.
Diferentes formas de condução desse processo (pesquisar, agir e transformar) podem ser utilizadas como referencial. Por motivos diversos, optamos por trabalhar com a metodologia da pesquisa-ação. Provavelmente, você esteja se perguntando: Por que pesquisa-ação? Espero que ao término da leitura

deste material você encontre a resposta e o encantamento que ela proporciona, de modo a tornar-se adepto dessa metodologia e também se envolver.

O caminho que você percorrerá tem como ponto de partida a explanação de conceitos básicos da pesquisa-ação nas ciências sociais, por exemplo: fato social, tribos urbanas e política, os quais permitem compreender por que a aplicação da pesquisa-ação pode culminar em um processo de prática social e política.

O segundo passo será retroceder para conhecer, no qual apresentaremos brevemente os pesquisadores considerados pioneiros no desenvolvimento e no uso dessa metodologia. Nesse caminhar, deparar-nos-emos com dois brasileiros cuja história de vida e profissional permitem afirmar que eles são o alicerce brasileiro da pesquisa-ação no país.

Estabelecido o alicerce, é preciso construir os pilares que sustentam a construção. Nesse caso, são os princípios que subsidiam o procedimento metodológico.

O próximo passo é saber quem é o pesquisador e conhecer as habilidades e competências necessárias para ele atuar, as quais podem ser trabalhadas e desenvolvidas ao longo de seu processo de formação pessoal e profissional. Toda pesquisa é ação e toda ação é pesquisa? A resposta a essa pergunta você dará ao findar a leitura deste material. Nessa caminhada, você perceberá que esse processo envolve reflexão, ação e participação.

Para chegar ao objetivo proposto, é preciso caminhar seguindo uma sequência lógica e sistemática de passos intencionados. Aqui, compartilharemos a sequência metodológica da pesquisa--ação tendo como referência principal o estudioso Bosco Pinto e nossa experiência ao utilizá-la em um projeto de extensão universitária.

A oportunidade de compartilhar com os leitores minha trajetória de vida profissional, não como modelo ou exemplo a ser seguido, mas como experiência e processo de aquisição de novos conhecimentos e amizades é um privilégio. Como sempre digo, referenciando o músico Gonzaguinha, meu lema é "a beleza de ser um eterno aprendiz", pois acredito que todos os dias temos algo novo a aprender.

Cada momento – oficina, reunião ou implementação de ações – é ímpar, considerando que a participação influi diretamente na vida de cada um dos atores sociais envolvidos. A cada experiência, saímos transformados.
Muitos classificam essa forma de atuar ou método como *observação participante*. Eu diria que ela vai muito além da observação, principalmente quando a metodologia é usada, por exemplo, em atividades de extensão universitária. A comunidade foco do trabalho passa a fazer parte da vida do grupo de facilitadores do processo, e estes, da vida dos representantes da comunidade. Interação e cooperação são as marcas e as maiores riquezas dessa metodologia.
Vamos caminhar juntos?

Como aproveitar ao máximo este livro

Empregamos nesta obra recursos que visam enriquecer seu aprendizado, facilitar a compreensão dos conteúdos e tornar a leitura mais dinâmica. Conheça a seguir cada uma dessas ferramentas e saiba como elas estão distribuídas no decorrer deste livro para bem aproveitá-las.

Introdução do capítulo

Logo na abertura do capítulo, informamos os temas de estudo e os objetivos de aprendizagem que serão nele abrangidos, fazendo considerações preliminares sobre as temáticas em foco.

Conceitos fundamentais

áreas pertinentes a essa profissão, lembrando que, dia a dia, em decorrência das novas demandas, surgem campos de atuação para esse profissional.

Independentemente de sua área de atuação, é importante que o profissional esteja apto a identificar os fatos sociais que especificam determinada situação. Por exemplo, se estiver trabalhando com crianças ou adolescentes em situação de risco social e vulnerabilidade, o educador social precisa conhecer o contexto social em que se encontram esses agentes e identificar as forças que estão agindo sobre esse grupo.

> **Exemplo prático**
>
> Algumas circunstâncias sociais comuns no processo que conduz uma criança à situação de risco são: pais usuários de drogas lícitas e ilícitas; viver longe dos progenitores; estar exposto à violência física e/ou emocional no âmbito doméstico; ser obrigado a trabalhar; viver em condição de pobreza, com carência de moradia, boa alimentação, água potável, serviço de saúde etc. Cada situação tem sua especificidade, fatos sociais que contribuíram para que ela ocorresse, devendo, por isso, ser avaliada e estudada.

O profissional, ao se deparar com dado grupo social, pode, por diversas ocasiões, identificar outros grupos sociais, tribos urbanas ou comunidades que estejam direta ou indiretamente vinculados ao grupo foco do trabalho. Nesse caso, ele precisará de sensibilidade para identificar os fatos sociais que afligem tais grupos, pois, muitas vezes, eles não se encontram explícitos.

O educador social, então, tem de lutar por políticas públicas voltadas às minorias ou aos excluídos, precisa estar preparado para

Exemplo prático

Nesta seção, articulamos os tópicos em pauta a acontecimentos históricos, casos reais e situações do cotidiano a fim de que você perceba como os conhecimentos adquiridos são aplicados na prática e como podem auxiliar na compreensão da realidade.

Alicerce brasileiro

e educacionais, que podem ser utilizadas em projetos e estudos aplicados a diferentes grupos sociais, por exemplo, em áreas urbanas, empresas, escolas, unidades médicas ou grupos marginalizados por questões raciais, culturais ou econômicas, assim como nas áreas rurais, como fez Bosco Pinto. É importante salientar que discordamos daqueles que veem a pesquisa-ação como um recurso a ser utilizado exclusivamente com grupos sociais mais populares.

Para saber mais

AQUINO, F. O que é a teologia da libertação. **Canção Nova**. Disponível em: <https://blog.cancaonova.com/felipeaquino/2012/02/15/o-que-e-a-teologia-da-libertacao>. Acesso em: 22 jan. 2021.

AQUINO JÚNIOR, F. de. Atualidade da teologia da libertação. **Theologica Xaveriana**, v. 61, n. 172, p. 397-422, jul./dez. 2011. Disponível em: <https://www.redalyc.org/pdf/1910/191022561005.pdf>. Acesso em: 22 jan. 2021.

CAMILO, R. A. L. A teologia da libertação no Brasil: das formulações iniciais de sua doutrina aos novos desafios da atualidade. In: SEMINÁRIO DE PESQUISA DA FACULDADE DE CIÊNCIAS SOCIAIS, 2., 2011, Goiânia. **Anais...** Goiânia: UFG, 2011. Disponível em: <https://files.cercomp.ufg.br/weby/up/253/o/Rodrigo_Augusto_Leao_Camilo.pdf>. Acesso em: 22 jan. 2021.

As três sugestões permitem que você conheça os fundamentos da teologia de libertação.

DUQUE-ARRAZOLA, L. S.; THIOLLENT, M. J. M. (Org.). **João Bosco Guedes Pinto**: metodologia, teoria do conhecimento e pesquisa-ação – textos selecionados e apresentados. Belém: Instituto de Ciências Sociais Aplicadas; UFPA, 2014.

Este livro permite que você conheça mais a vida e a obra de Bosco Pinto.

Para saber mais

Sugerimos a leitura de diferentes conteúdos digitais e impressos para que você aprofunde sua aprendizagem e siga buscando conhecimento.

planejar suas ações e readequá-las sempre que necessário, com o objetivo de que seus anseios sociais e políticos partam do plano ideológico e se transformem em práticas sociais reais.

Síntese

Neste capítulo, abordamos brevemente alguns conceitos oriundos das ciências sociais, como fato social, grupos sociais, tribos urbanas, prática social política e políticas públicas, que são importantes para a compreensão da metodologia que pretendemos apresentar.

Uma leitura mais detalhada e aprofundada de autores como Émile Durkheim, Karl Marx e Max Weber, que tiveram como base de seus trabalhos o conceito de ação social, ou mesmo autores da contemporaneidade, pode contribuir para a construção de sua identidade profissional. Para aqueles que são oriundos das ciências biológicas ou exatas e que não tiveram contato com esses conceitos em sua formação acadêmica, essas leituras são ainda mais importantes.

No próximo capítulo, conheceremos um pouco da história da pesquisa-ação. Kurt Lewin, como você verá, pregava que a compreensão e o entendimento dos fatos sociais só seriam possíveis quando houvesse a participação efetiva do interessado no processo de observação, diagnóstico, análise e intervenção. Portanto, é preciso sair da posição de espectador e passar a de ator. Outros autores, como John Dewey, Ronald Lippit e John Collier, que também serão apresentados, compartilhavam do mesmo pensamento de Lewin. O agente do processo não é imparcial, como prega a pesquisa clássica, pois passa a ser parte do problema.

Síntese

Ao final de cada capítulo, relacionamo as principais informações nele aborda das a fim de que você avalie as conclu sões a que chegou, confirmando-as o redefinindo-as.

Atividades de autoavaliação

Apresentamos estas questões objetivas para que você verifique o grau de assimilação dos conceitos examinados, motivando-se a progredir em seus estudos.

Conceitos fundamentais

Atividades de autoavaliação

1. Analise as afirmações a seguir sobre a utilização do procedimento metodológico da pesquisa-ação:

   I) É um método de pesquisa usado exclusivamente para a obtenção de dados qualitativos.
   II) É um recurso metodológico utilizado para gerar mudanças em práticas sociais preestabelecidas.
   III) É um recurso metodológico que pode auxiliar na resolução de situações-problema presentes no contexto organizacional.
   IV) É um instrumento técnico-científico que serve para conhecer e identificar problemas, propor soluções e executar ações em um contexto social.

   Agora, marque a alternativa correta em relação às afirmações:

   a) Todas as afirmativas estão corretas.
   b) Todas as afirmativas estão incorretas.
   c) Apenas a afirmativa I está incorreta.
   d) As afirmativas II e III estão corretas.
   e) As afirmativas III e IV estão corretas.

2. Analise as afirmações a seguir sobre os conceitos abordados neste capítulo e marque V para as verdadeiras e F para as falsas:

   ( ) Fato social pode ser conceituado como o modo de pensar, sentir e agir de um grupo social.
   ( ) A expressão *tribo urbana* tem sido usada como sinônimo de *grupo social* nas áreas urbanas.
   ( ) A expressão *tribo urbana* só deve ser usada para caracterizar um grupo de indivíduos que tenha um comportamento agressivo, contestatório e antissocial.

Atividades de aprendizagem

Aqui apresentamos questões que aproximam conhecimentos teóricos e práticos a fim de que você analise criticamente determinado assunto.

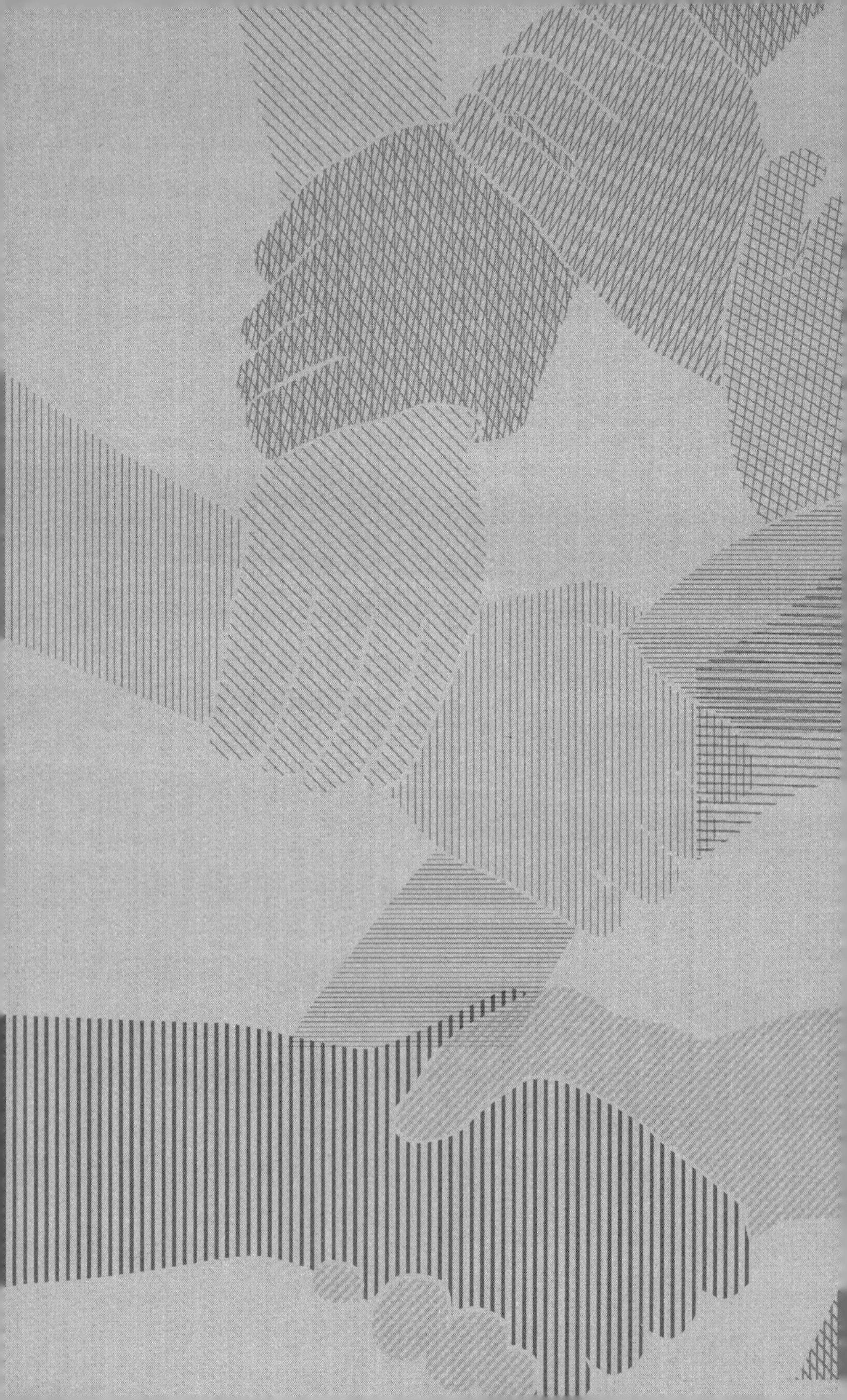

CAPÍTULO 1

Conceitos fundamentais

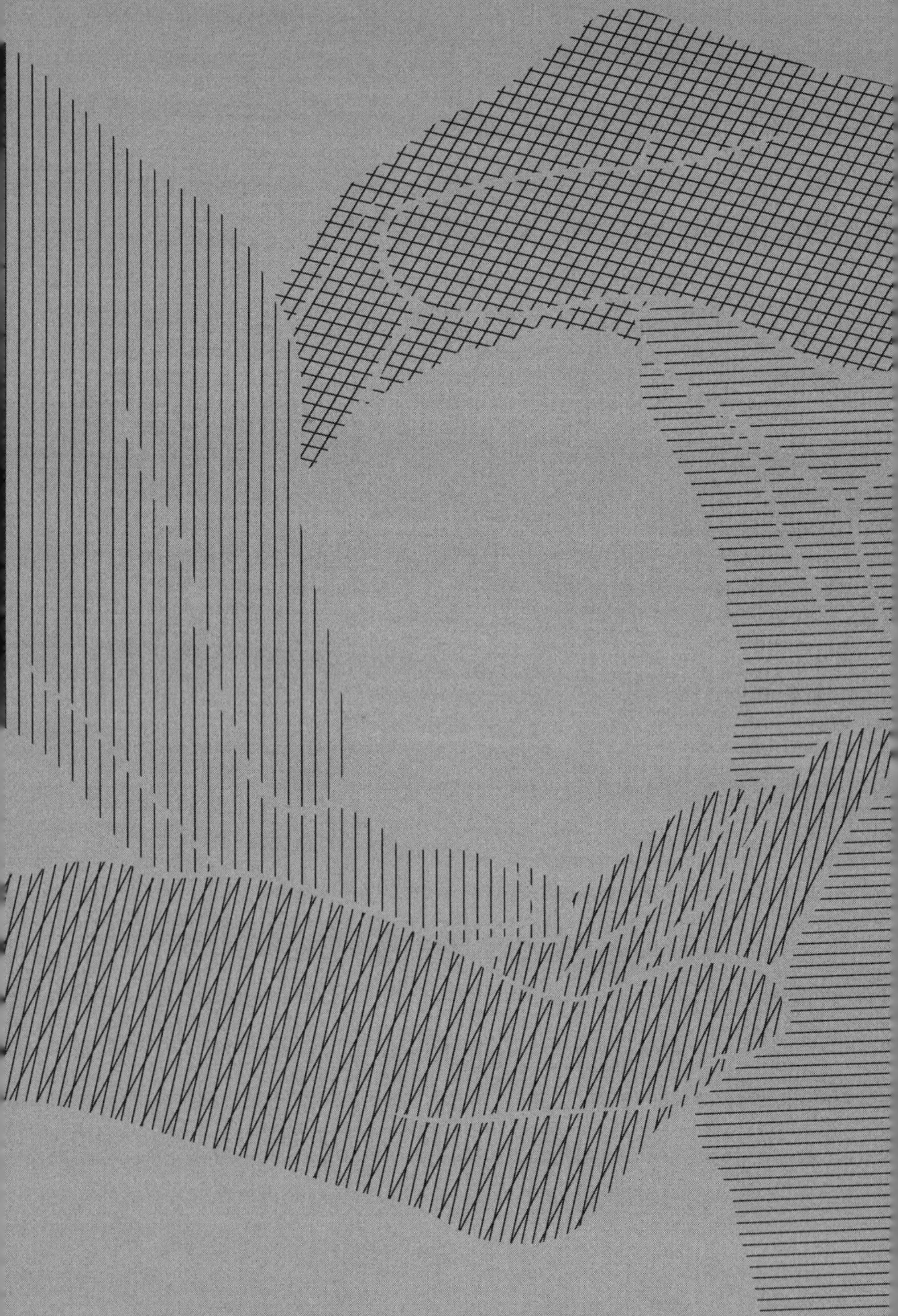

Neste capítulo, faremos uma breve explanação de alguns conceitos oriundos das ciências sociais, como fato social, tribos urbanas, prática social, política, prática política e políticas públicas, com a finalidade de facilitar a compreensão e o entendimento dos princípios norteadores da pesquisa-ação. Aprenderemos a identificar fatos sociais relevantes que caracterizam ou diferenciem determinado grupo social, bem como reconhecer, em certo grupo social, tribo urbana e/ou comunidade, fatos sociais que precisam ser perpetuados ou passar por um processo de mudança social. Também veremos que, por intermédio do reconhecimento das práticas sociais pertinentes a um grupo social, tribo ou comunidade, dá-se um processo de transformação social e individual. Por fim, apresentaremos o conceito de políticas públicas e entenderemos como elas podem contribuir para minimizar as desigualdades sociais.

1.1 Prática social e política

Para a compreensão e a utilização da pesquisa-ação, é necessário o conhecimento prévio de alguns conceitos usuais nas ciências sociais. Dessa forma, iniciamos a caminhada com uma síntese de tais conceitos.

Porém, antes de falarmos sobre esses conceitos, é importante salientar que a pesquisa-ação, na condição de recurso metodológico, tem sido usada para diferentes fins, como obtenção qualitativa de dados (pesquisa qualitativa); instrumento pedagógico que promove a criação, a revitalização e a transformação dos processos de ensino/aprendizagem decorrentes, por exemplo, de questões sociopedagógicas e/ou culturais; emancipação e empoderamento dos atores sociais; desenvolvimento profissional; solução de problemas no âmbito organizacional; instrumento técnico-científico para investigar a micro e a macro realidade.

Existe, assim, uma gama de opções de atuação para você, educador social ou outro profissional.

Um dos pilares da pesquisa-ação como estratégia que norteia o trabalho daqueles que buscam atuar de maneira ativa, cooperativa e interdisciplinar é que ela deve ser concebida como prática social e política.

O propósito da pesquisa-ação é permitir a compreensão e o entendimento dos fatos sociais que, em determinado momento histórico, afligem certo grupo social, de modo a propor e implementar ações que visem à mudança social ou à perpetuação desses fatos.

Nesse sentido, **fato social**, segundo Emile Durkheim[1] (1982, p. 11), é "toda maneira de agir fixa ou não, suscetível de exercer sobre o indivíduo uma coerção exterior; ou então ainda, que é geral na extensão de uma sociedade dada, apresentando uma existência própria, independente das manifestações individuais que possa ter".

Em síntese, os *fatos sociais* são o modo de pensar, sentir e agir de um grupo social. É fato que cada tribo urbana tem, por exemplo, sua própria forma de se vestir e se expressar. Entre os surfistas, expressões como *Que vaca foi essa!* ou *Fui varrido* são comuns e compreendidas por todos. Por outro lado, entre os skatistas há uma forma própria de se vestir: alguns fazem o estilo despreocupado e usam as tradicionais bermudas e camisetas largas, ao passo que outros optam pelo estilo despojado e cheio de personalidade, com calças mais justas, camisas, bonés, pulseiras, entre outros itens.

Ambas as tribos têm em comum um estilo de vida próprio. Nos dias atuais, priorizam a prática de esportes e o contato com os amigos e a natureza. Essas tribos surgem da busca pela diferenciação e pela identificação de um estilo próprio, principalmente, entre adolescentes e jovens.

A expressão **tribo urbana** surgiu em 1985 com o sociólogo francês Michel Maffesoli (1944-) fazendo referência aos pequenos grupos sociais cujos integrantes partilhavam dos mesmos princípios e ideias, como gosto musical ou estético, ou seja, particularidades que os diferenciavam na sociedade.

Essa expressão, segundo o antropólogo brasileiro José Guilherme Cantor Magnani (1992), é uma metáfora por trazer conotações distintivas de seu uso inicial. É o empréstimo de um termo usual na antropologia para o estudo das sociedades de pequena escala com o objetivo de descrever fenômenos que ocorrem nas sociedades contemporâneas altamente urbanizadas e densamente povoadas. Magnani (1992) ainda apresenta alguns significados do emprego dessa expressão em textos sobre as cidades e seus personagens, sendo utilizada para designar:

- os iguais, possibilitando-lhes intensas vivências comuns, o estabelecimento de laços pessoais e lealdades, a criação de códigos de comunicação e comportamentos particulares;
- pequenos grupos concretos com ênfase nos elementos que seus integrantes usam para estabelecer diferenças do comportamento dito normal, como o corte de cabelo e as tatuagens de *punks* e carecas, a cor da roupa dos *darks*, e assim por diante;
- o comportamento agressivo, contestatório e antissocial de grupos e as práticas de vandalismo e violência atribuídas a outros, como as gangues de pichadores e as torcidas organizadas;
- aqueles que consomem drogas ou apresentam comportamentos tidos como irracionais em locais de grandes concentrações, como *shows* e outras manifestações;
- grupos cujos integrantes vivem simultaneamente ou alternadamente muitas realidades e papéis, assumindo sua tribo apenas em períodos ou lugares, como o vestibulando que nos fins de semana é *rockability*; e o bancário que, após o expediente, é *dark*.

Em visita ao Brasil em dezembro de 2019, Maffesoli utilizou o termo *comunidade* em substituição ao termo *tribo*. O autor considera que as novas gerações privilegiam aspectos mais simples da vida, como o compartilhamento de carros e de espaços de trabalho, ou, ainda, novas formas de solidariedade e de generosidade para lutar contra as adversidades (Maffesoli, 2019).

Você deve ter se lembrado de outros grupos sociais, tribos urbanas ou comunidades com os quais já teve contato e cujas peculiaridades tenha observado. Desse modo, você pode concluir que cada um tem sua cultura e, consequentemente, regras e valores. Algumas dessas regras e valores são compartilhas por certos grupos, enquanto outras são exclusivas de determinado grupo cultural e resultantes de suas práticas sociais.

O termo *prática*, assim, apresenta, entre outros, os seguintes significados:

- tudo o que se consegue realizar, executar e fazer; exercício;
- modo particular e comum de se comportar ou de realizar algo;
- aquilo em que há uso contínuo, hábitos enraizados ou costumes; convenção.

Perante esses significados, comumente se faz referência à prática como ações realizadas pelos seres humanos. No sentido do materialismo dialético, a **prática** é especificamente o agir do ser humano e tem caráter material. Entretanto, a prática não se restringe à atividade, como veremos a seguir.

O conceito de **prática social** foi explicitado por Marx no documento intitulado *Teses sobre Feuerbach*[1], no qual ele defende que "A vida social é essencialmente *prática*. Todos os mistérios que seduzem a teoria para o misticismo encontram a sua solução racional na práxis humana e no compreender desta práxis" (Marx, 2000, n. 8, grifo do original). As teses são apontamentos escritos por Marx e publicados por Engels após sua morte.

Para Marx (2000), a prática social constitui-se na ação humana produtiva ou transformadora. É uma atividade objetiva e material, capaz de modificar o ambiente antrópico, social e natural. Ao mesmo tempo que o ser humano modifica o ambiente e o espaço, muda a si mesmo.

O mundo material social ou o conjunto de fenômenos materiais sociais está em constante movimento, organizando-se e reorganizando-se perpetuamente, por intermédio dos indivíduos, dos grupos sociais e das classes sociais.

---

1 Filósofo alemão (1804-1872) reconhecido pelo ateísmo humanista e pela influência de seu pensamento sobre Karl Marx.

Trezza, Santos e Leite (2008) relacionam a expressão *prática social* ao desenvolvimento de uma atividade *por* e *para* pessoas com o fim de atender a uma necessidade sentida por elas (entendidas aqui como *seres sociais*), as quais aplicam seu saber como forma de transformar uma realidade concreta. Esses praticantes, ao participar desse processo de transformação, também se modificam.

As práticas sociais referem-se a um processo interativo em que sujeito, objeto e grupo social podem ser considerados isoladamente. Contudo, é no jogo dessas interações que as práticas se consolidam, adquirem significados e são ressignificadas, impregnadas de valores e afetos, contribuindo para a construção e a transformação das diferentes teorias psicológicas que permeiam o imaginário de determinado grupo social. Apreender a dinâmica de uma realidade complexa requer, muitas vezes, olhar o objeto de pesquisa sob ângulos diversos (Almeida; Santos; Trindade, 2000).

Em seu dia a dia, você já deve ter vivenciado algumas práticas sociais, como letramento, votar nas eleições municipais, fazer compras, eleger um representante em uma entidade comunitária, exercer uma atividade profissional, vacinar-se ou beber socialmente. Outras práticas sociais já devem ter sido questionadas por você, por exemplo, permanecer em silêncio na hora do lanche escolar ou andar em fila. Outros exemplos de práticas sociais são as práticas de educação dos filhos, práticas de submissão e poder nas relações de trabalho, práticas que reforçam estereótipos e preconceitos relacionados a gênero e raça, entre outros.

No âmbito organizacional, "as práticas sociais são manifestações culturais por refletirem não só a capacidade de os atores organizacionais reproduzirem os significados dos modelos sociais, como a capacidade desses atores agirem e modificarem esses próprios modelos e seus contextos" (Souza; Lucas; Torres, 2011, p. 223).

Gasparin (2003) concebe a prática social como a leitura da realidade, o processo de leitura, interpretação e proposição de ações no contexto social oriundo da prática política, a qual requer a participação do grupo social. Para Martins (2017), o esforço individual isolado é fraco e não se apresenta de maneira tão transformadora quanto a luta coletiva, sobretudo para a população pobre.

Em um primeiro momento, no contexto da política brasileira, é possível associar a expressão *prática política* à política do tipo clientelista. Esse tipo de prática tem como principais ações o uso do favor como moeda de troca nas relações políticas, a instalação do controle político por meio do mecanismo da cooptação, a negação às classes populares de seu direito à participação política direta e de maneira autônoma e o uso privado dos recursos públicos e dos aparelhos estatais (Lenardão, 2006).

Esse modelo não contempla os princípios que norteiam, por exemplo, a atuação de um educador social ou de outro cidadão ou profissional que tenha como fundamento que todo ser humano deve ter seus direitos respeitados e ser feliz sem ser prejudicado pela ação alheia ou prejudicando outro cidadão.

As **práticas políticas** visam atender aos anseios dos grupos sociais, de maneira que haja organização, equidade e justiça. As ações dos movimentos sociais, por exemplo, caracterizam práticas sociais e políticas com o intuito de reivindicar ou manifestar desejos aos governantes ou mesmo a outros segmentos da própria comunidade ou sociedade. Essas ações concretizam-se por meio da participação de cada um dos envolvidos.

O Estado, nos diferentes níveis, tem um papel fundamental na gestão dos problemas e das demandas coletivas, sendo sua responsabilidade identificar as prioridades, estabelecer objetivos e metas e racionalizar a aplicação de recursos e investimentos (Dias; Matos, 2012).

Nesse sentido, são elaboradas **políticas públicas** nas áreas social (saúde, educação, habitação, previdência social), macroeconômica (fiscal, monetária, cambial, industrial), administrativa (democracia, descentralização, participação social) e específica ou setorial (meio ambiente, cultura, agrária, direitos humanos), que podem ser executadas ou não pelos órgãos governamentais. Em grande parte dos municípios brasileiros, mesmo nas metrópoles e cidades cujo índice de desenvolvimento socioeconômico é mais elevado, o governo não tem dado conta de suprir todas as demandas sociais e políticas decorrentes do processo de globalização, do avanço tecnológico e acesso às novas tecnologias, do envelhecimento populacional, das novas qualificações profissionais, da preservação e do uso sustentável dos recursos naturais, entre outras. Como mecanismo institucional para sanar ou amenizar essas demandas, consolidam-se as parcerias público-privadas ou amplia-se a participação de diferentes atores sociais, como os representantes do terceiro setor e de outros segmentos da comunidade.

A cada um cabe exercer a democracia, respeitando a diversidade de ideias, de práticas e de interesses para a convivência harmônica. A participação cidadã, aliada à educação, constitui o caminho para a geração de mudanças profundas na sociedade, convertendo-se em um fator poderoso para o fortalecimento do capital humano, a criação de capital social e a geração de uma cultura autenticamente democrática e solidária (Dias; Matos, 2012).

No presente, é comum ouvirmos que, para entender e explicar um fato social, é necessário técnica, planejamento, recursos e instrumentos adequados. Assim, é possível inferir que empatia[2] e reflexão são imprescindíveis nesse processo de descoberta e entendimento.

O educador social pode atuar no âmbito administrativo, gerenciando recursos humanos, materiais ou financeiros nas esferas governamental ou não governamental. Pode, ainda, atuar na educação formal ou informal, na militância junto aos movimentos sociais, no trabalho social, na pesquisa científica, entre outras

---

2 Para a sociologia, *empatia* significa a "Compreensão do 'Eu' social a partir de três recursos: enxergar-se de acordo com a opinião de outra pessoa; enxergar os outros de acordo com a opinião de outra pessoa; enxergar os outros de acordo com a opinião deles próprios" (Empatia..., 2021).

áreas pertinentes a essa profissão, lembrando que, dia a dia, em decorrência das novas demandas, surgem campos de atuação para esse profissional.

Independentemente de sua área de atuação, é importante que o profissional esteja apto a identificar os fatos sociais que especificam determinada situação. Por exemplo, se estiver trabalhando com crianças ou adolescentes em situação de risco social e vulnerabilidade, o educador social precisa conhecer o contexto social em que se encontram esses agentes e identificar as forças que estão agindo sobre esse grupo.

Exemplo prático

Algumas circunstâncias sociais comuns no processo que conduz uma criança à situação de risco são: pais usuários de drogas lícitas e ilícitas; viver longe dos progenitores; estar exposto à violência física e/ou emocional no âmbito doméstico; ser obrigado a trabalhar; viver em condição de pobreza, com carência de moradia, boa alimentação, água potável, serviço de saúde etc. Cada situação tem sua especificidade, fatos sociais que contribuíram para que ela ocorresse, devendo, por isso, ser avaliada e estudada.

O profissional, ao se deparar com dado grupo social, pode, por diversas ocasiões, identificar outros grupos sociais, tribos urbanas ou comunidades que estejam direta ou indiretamente vinculados ao grupo foco do trabalho. Nesse caso, ele precisará de sensibilidade para identificar os fatos sociais que afligem tais grupos, pois, muitas vezes, eles não se encontram explícitos.

O educador social, então, tem de lutar por políticas públicas voltadas às minorias ou aos excluídos, precisa estar preparado para planejar suas ações e readequá-las sempre que necessário, com o objetivo de que seus anseios sociais e políticos partam do plano ideológico e se transformem em práticas sociais reais.

Síntese

Neste capítulo, abordamos brevemente alguns conceitos oriundos das ciências sociais, como fato social, grupos sociais, tribos urbanas, prática social política e políticas públicas, que são importantes para a compreensão da metodologia que pretendemos apresentar.

Uma leitura mais detalhada e aprofundada de autores como Émile Durkheim, Karl Marx e Max Weber, que tiveram como base de seus trabalhos o conceito de ação social, ou mesmo autores da contemporaneidade, pode contribuir para a construção de sua identidade profissional. Para aqueles que são oriundos das ciências biológicas ou exatas e que não tiveram contato com esses conceitos em sua formação acadêmica, essas leituras são ainda mais importantes.

No próximo capítulo, conheceremos um pouco da história da pesquisa-ação. Kurt Lewin, como você verá, pregava que a compreensão e o entendimento dos fatos sociais só seriam possíveis quando houvesse a participação efetiva do interessado no processo de observação, diagnóstico, análise e intervenção. Portanto, é preciso sair da posição de espectador e passar a de ator. Outros autores, como John Dewey, Ronald Lippit e John Collier, que também serão apresentados, compartilhavam do mesmo pensamento de Lewin. O agente do processo não é imparcial, como prega a pesquisa clássica, pois passa a ser parte do problema.

Atividades de autoavaliação

1. Analise as afirmações a seguir sobre a utilização do procedimento metodológico da pesquisa-ação:

    I) É um método de pesquisa usado exclusivamente para a obtenção de dados qualitativos.
    II) É um recurso metodológico utilizado para gerar mudanças em práticas sociais preestabelecidas.
    III) É um recurso metodológico que pode auxiliar na resolução de situações-problema presentes no contexto organizacional.
    IV) É um instrumento técnico-científico que serve para conhecer e identificar problemas, propor soluções e executar ações em um contexto social.

    Agora, marque a alternativa correta em relação às afirmações:

    a) Todas as afirmativas estão corretas.
    b) Todas as afirmativas estão incorretas.
    c) Apenas a afirmativa I está incorreta.
    d) As afirmativas II e III estão corretas.
    e) As afirmativas III e IV estão corretas.

2. Analise as afirmações a seguir sobre os conceitos abordados neste capítulo e marque V para as verdadeiras e F para as falsas:

    ( ) Fato social pode ser conceituado como o modo de pensar, sentir e agir de um grupo social.
    ( ) A expressão *tribo urbana* tem sido usada como sinônimo de *grupo social* nas áreas urbanas.
    ( ) A expressão *tribo urbana* só deve ser usada para caracterizar um grupo de indivíduos que tenha um comportamento agressivo, contestatório e antissocial.

( ) Segundo Maffesoli (2019), na atualidade, o termo *comunidade* pode ser usado no lugar de *tribo* para representar jovens que compartilham ideias e espaços físicos e que se solidarizam com grupos minoritários e oprimidos.

Agora, assinale a alternativa que contém a sequência correta:

a) V, F, V, V.
b) F, V, F, V.
c) F, F, V, V.
d) V, F, F, V.
e) F, F, F, V.

3. Considere a afirmação a seguir:

Karl Marx (2000) conceituava prática social como a ação humana produtiva e transformadora tanto dos ambientes antrópico, social e natural quanto do próprio agente da transformação.

Sobre isso, assinale a alternativa correta:

a) Considerando o pensamento de Marx, a afirmativa está correta.
b) A afirmativa está incorreta, pois esse não é o conceito de prática social proposto por Marx.
c) A afirmativa está parcialmente incorreta, pois, segundo Marx, nem toda prática gera uma ação transformadora no ambiente ou no indivíduo.
d) A prática social nunca tem relação com o ambiente natural, segundo Marx. Portanto, a afirmativa está incorreta.
e) A prática social, como o próprio termo expressa, só gera mudanças no contexto social, segundo a proposição apresentada por Marx. Assim, a afirmativa está incorreta.

Conceitos fundamentais

4. Sobre a pesquisa-ação, marque a alternativa correta:
   a) Não há correlação entre a prática social e a prática política.
   b) A compreensão de um fato social envolve técnica, planejamento, recursos e instrumentos adequados. Por outro lado, requer também o olhar sobre diferentes ângulos, que se concretiza com o trabalho em equipe.
   c) As práticas sociais não se fazem presentes no âmbito organizacional.
   d) As afirmações a, b e c estão corretas.
   e) As afirmações a, b e c estão erradas.

5. Analise as afirmações a seguir sobre as políticas públicas e os movimentos sociais e marque V para as verdadeiras e F para as falsas:

   ( ) Os movimentos reivindicatórios, de classe, de resistência ou políticos atuais retratam os desejos da população por uma sociedade na qual equidade e justiça estejam presentes.
   ( ) As ações dos movimentos sociais caracterizam-se com um mecanismo para indicar aos governantes e a outros segmentos da sociedade os desejos dos grupos envolvidos nessas ações.
   ( ) As políticas públicas visam sanar os problemas sociais existentes. Por meio delas, são identificados os problemas, estabelecidas prioridades e metas e aplicados recursos e investimentos.

   Agora, assinale a alternativa que contém a sequência correta:
   a) V, F, V.
   b) F, V, F.
   c) F, F, V.
   d) V, F, F.
   e) V, V, V.

Atividades de aprendizagem

Questões para reflexão

Observe as imagens a seguir para responder às questões 1 e 2.

Kudriavtcev Mikhail/Shutterstock

Maxim Blinkov/Shutterstock

1. Em sua opinião, as imagens são representativas de uma tribo ou comunidade urbana? Justifique sua resposta com base na discussão deste capítulo ou em outros autores que abordem o tema.

2. Com base em sua vivência pessoal, faça um quadro citando três características que você julga serem similares entre esses dois grupos sociais e três que os diferenciam.

Conceitos fundamentais

3. Tendo como premissa o conceito de prática social proposto por Karl Marx (2000), identifique em sua história de vida uma prática social que contribuiu para mudanças em seu ambiente familiar ou profissional e gerou mudanças em sua visão de mundo.

Atividade aplicada: prática

1. As práticas sociais são comportamentos socialmente aceitos por um grupo social. Entreviste um educador social ou outro profissional e pergunte de que maneira ele pode contribuir para que as políticas públicas proporcionem mais equidade entre os cidadãos em termos de acesso à educação, à moradia, ao transporte, à alimentação, à saúde e ao lazer.

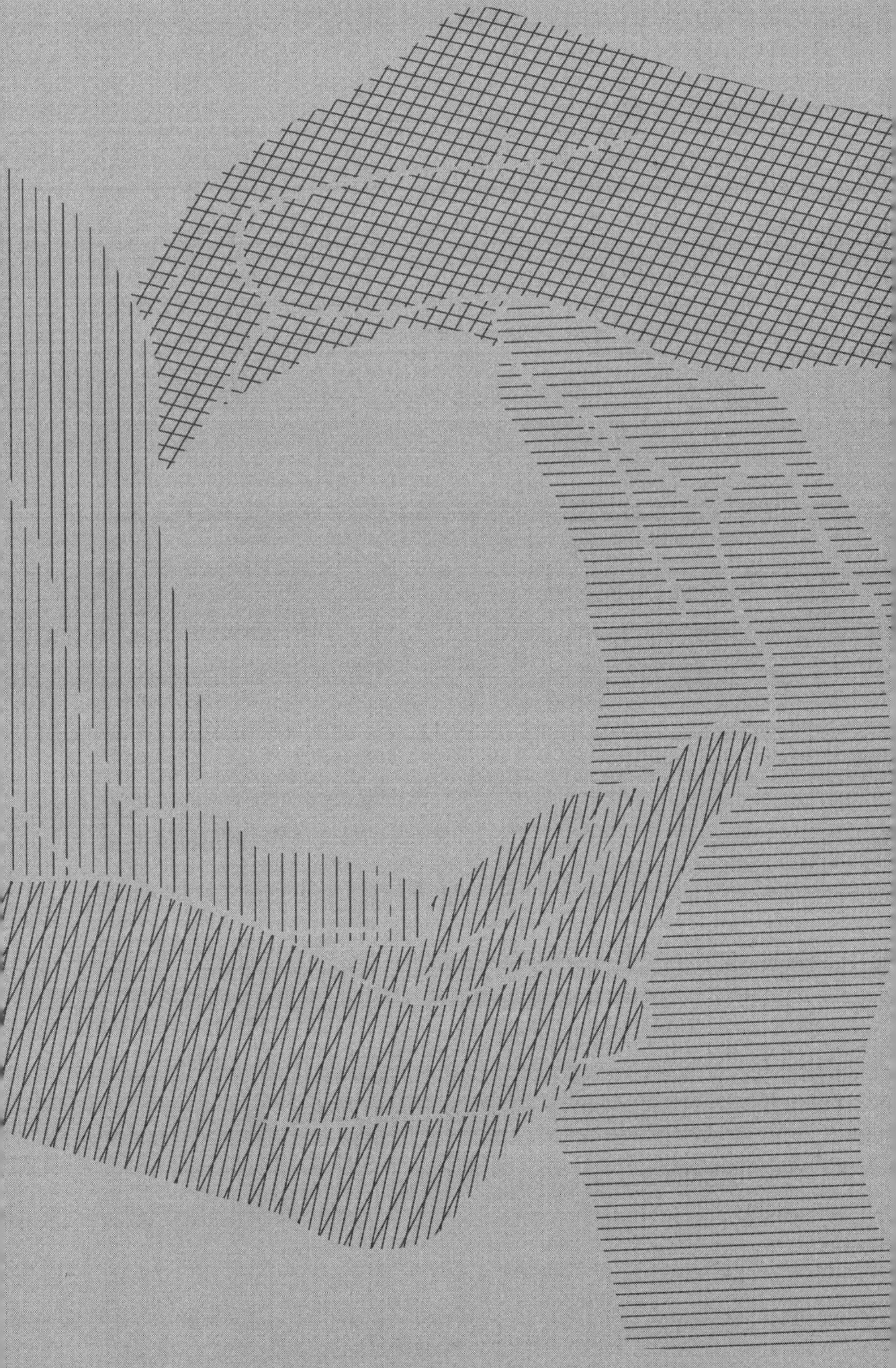

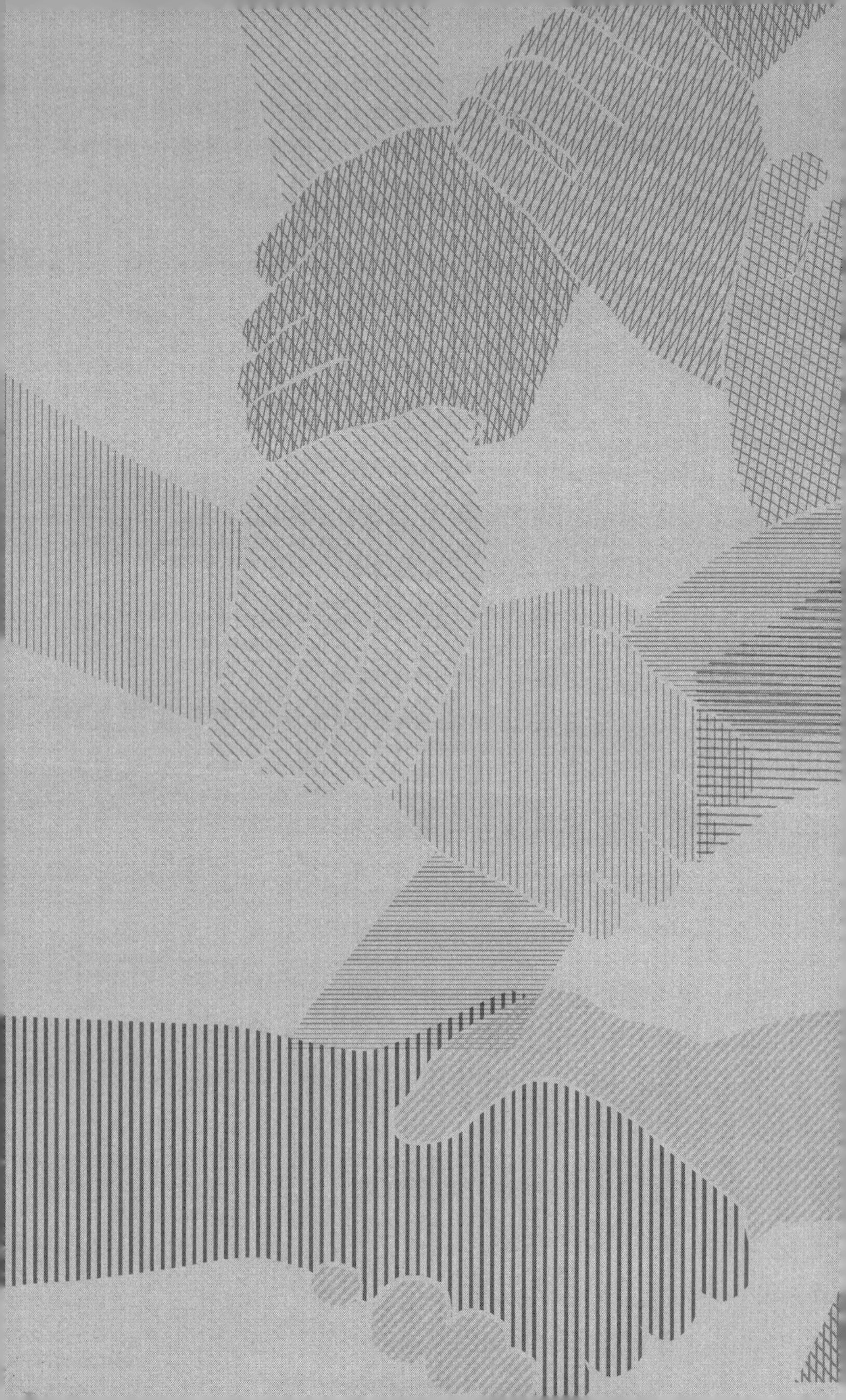

CAPÍTULO 2

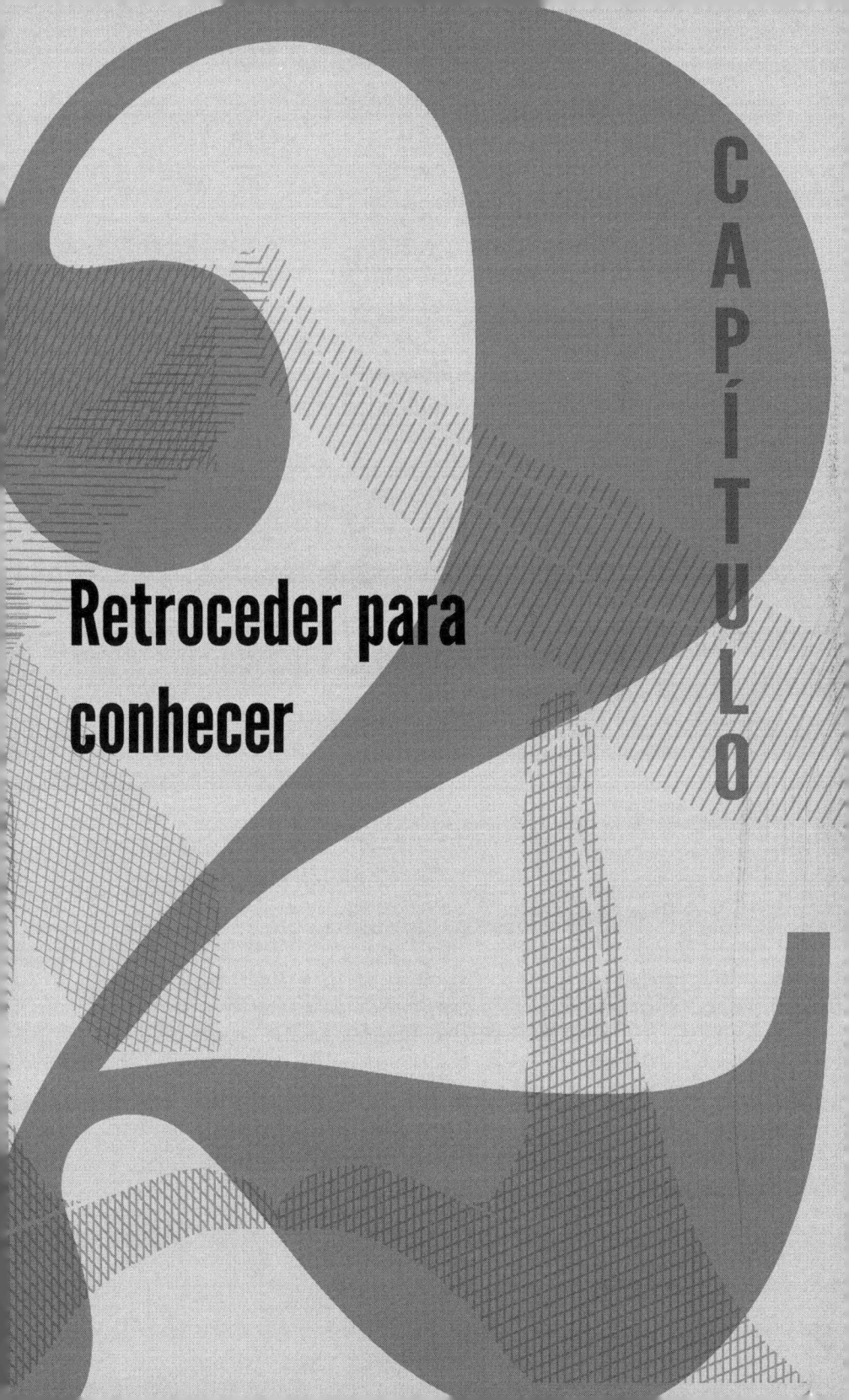

Retroceder para conhecer

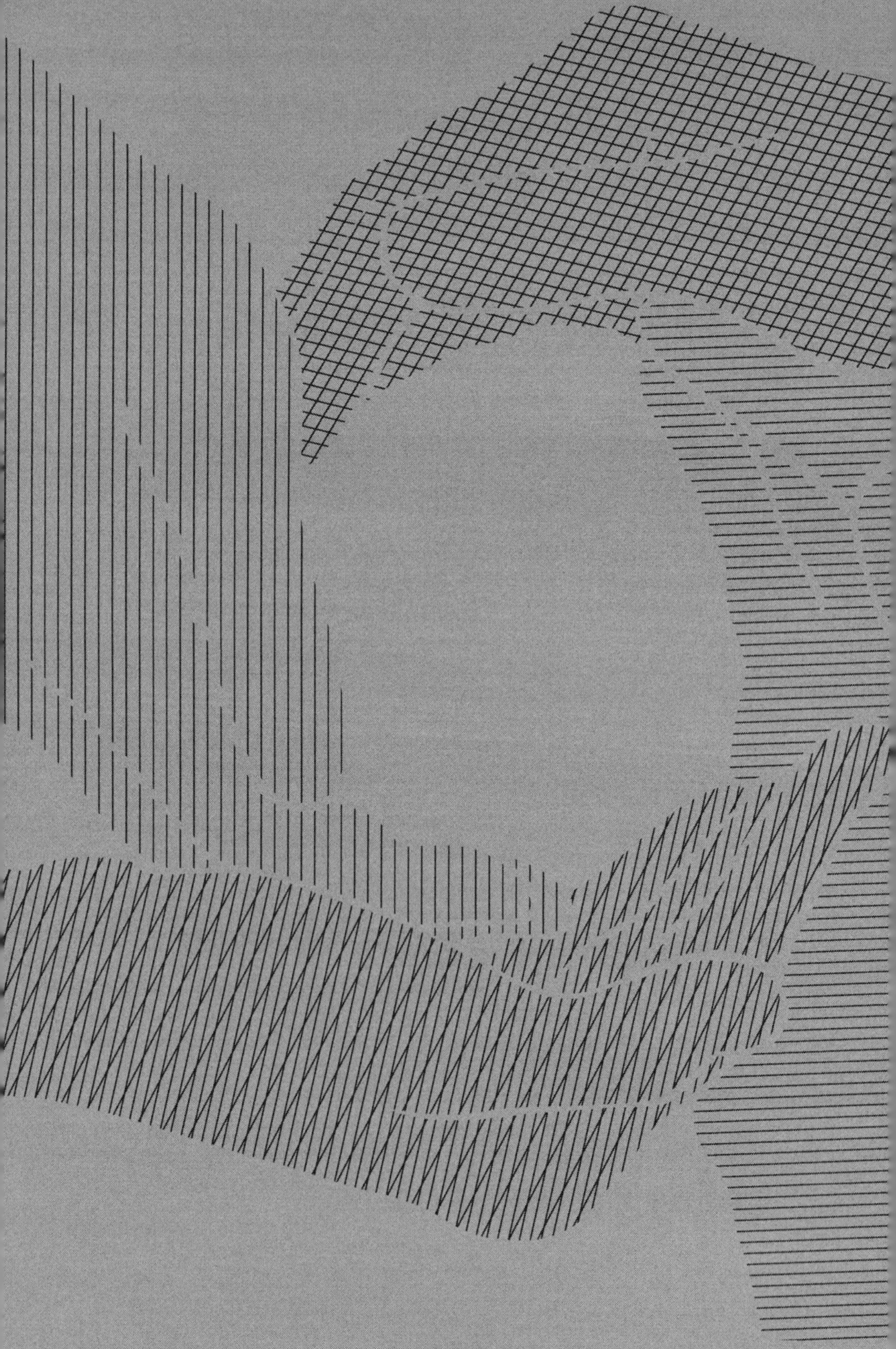

Neste capítulo, faremos uma retrospectiva histórica do Holocausto e de sua influência na vida pessoal e profissional de Kurt Lewin, quem cunhou a expressão *pesquisa-ação* na ciência. Discutiremos como o trauma psicológico causado pelo Holocausto pode ter surtido efeitos positivos na vida dos cientistas. Também conheceremos a história de Kurt Lewin e de outros pesquisadores a fim de identificar como foram estabelecidos os princípios que norteiam a pesquisa-ação. Por fim, descreveremos como os grupos sociais, organizacionais e comunitários podem se conhecer melhor, de modo a enfrentar e extinguir os conflitos sociais democraticamente.

2.1 Surgimento da pesquisa-ação

O relato de acontecimentos, mostrando a evolução histórica, social, cultural e científica ao longo dos anos, contribui para que compreendamos, por exemplo, um método científico ou um fato social. O comportamento humano não é dissociável do processo histórico, não é fragmentado e isolado e não ocorre por acaso.

Olhar para trás com uma visão crítica permite conhecer o passado, analisar o momento atual e fazer prospecções para o futuro. Possibilita, também, identificar marcos históricos, sejam coletivos, sejam pessoais, que definem o presente com seu dinamismo, seu encantamento, sua diversidade e seus problemas.

Por isso, convidamos você, leitor, a retroceder na história das ciências humanas para, juntos, identificarmos quais foram os aspectos sociais, culturais e científicos que embasaram o surgimento da pesquisa-ação como procedimento metodológico.

Por intermédio das ciências humanas, o ser humano tem encontrado respostas às suas indagações tanto no âmbito individual e de identidade quanto em termos de coletividade nos contextos social, cultural e científico em cada momento histórico. São respostas que permitem a compreensão dos fatos nos tempos de paz e tranquilidade e nos momentos de crise, violência e pânico. Em paralelo, o entendimento desses fatos e suas respectivas respostas subsidiam as ações atuais.

2.2 Opressão nazista

O termo *Holocausto* é utilizado para designar a perseguição e o extermínio do povo judeu e de outros grupos considerados inferiores pelos nazistas. Os nazistas consideravam-se uma raça superior e disseminavam o ódio étnico e racial por onde passavam. Acredita-se que a origem do Holocausto esteja no início do século XIX e, pouco a pouco, os nazistas impuseram restrições à participação dos judeus nos âmbitos social, econômico e cultural, processo que teve seu ápice durante a Segunda Guerra Mundial.

Os nazistas cometeram inúmeras atrocidades, assassinaram deficientes físicos ou mentais e ciganos; mataram soviéticos prisioneiros de guerra ou deixaram que morressem de inanição, enfermidades ou vítimas de violência; obrigaram poloneses e soviéticos a trabalhar como escravos; instalaram campos de extermínio onde homens e mulheres, fossem crianças, jovens ou idosos, eram mortos em câmaras de gás; além de perseguirem todos que se opunham à sua ideologia política ou religiosa.

Vale ressaltar que, no período da Segunda Guerra Mundial, a Alemanha derrotou e ocupou países como Polônia, Dinamarca, Bélgica, Holanda, França, Iugoslávia, Grécia e Luxemburgo, exercitando sua política antissemita em todos eles.

Apesar de toda a violência e da perseguição sofridas (foram cerca de 6 milhões de judeus mortos, aproximadamente 60% da população judaica da época), alguns judeus conseguiram sobreviver ou fugir da Alemanha e de regiões sobre seu domínio no período que antecedeu e durante a Segunda Guerra Mundial.

Graças à ajuda humanitária recebida de diferentes pessoas e povos e à própria resistência, os judeus conseguiram sobreviver e preservar sua cultura, seus ritos religiosos, sua história e seus laços familiares.

Mesmo para aqueles que conseguiram se deslocar para outros países no início desse processo de perseguição ou no período mais intenso, as marcas do passado definiram sua atuação pessoal e profissional. Entre esses sobreviventes, destaca-se Kurt Lewin.

2.3 Kurt Lewin

Kurt Lewin nasceu em uma família judia na cidade de Mogilno, na Polônia, em 9 de setembro de 1890, mas cresceu e estudou na Alemanha. Embora tenha convivido com o antissemitismo e vivenciado as restrições impostas aos judeus, conseguiu estudar e obter o doutorado em Filosofia e Psicologia pela Universidade de Berlim em 1916.

Após prestar o serviço militar durante a Primeira Guerra Mundial, atuou no Instituto de Psicologia da Universidade de Berlim como pesquisador e professor assistente nas áreas de filosofia e psicologia de 1926 a 1932 (Burnes, 2004; Burnes; Bargal, 2017).

Em 1933, com a ascensão de Hitler ao poder, Lewin desligou-se da Universidade de Berlim. Após pagar um resgate para não ser confinado em um campo de concentração, na companhia de sua família, conseguiu fugir para a Inglaterra e, posteriormente, para os Estados Unidos, onde obteve a naturalização, permanecendo no país até sua morte, em 12 de fevereiro de 1947 (Melo; Maia Filho; Chaves, 2016).

Nos Estados Unidos, trabalhou inicialmente no Departamento de Economia da Universidade de Cornell. Entretanto, foi na Universidade de Iowa que conseguiu dar sequência à carreira de psicólogo.

Ao sair da Alemanha, Lewin já era reconhecido internacionalmente e referência na psicologia. Sua trajetória profissional é marcada por trabalhos voltados aos grupos minoritários, nos quais ele enfatizava a forma como o meio social agia e influenciava o comportamento dos indivíduos e respectivos grupos. Essa percepção foi representada pela fórmula B = f (P, E), em que B = comportamento, P = pessoa e E = ambiente.

Lewin acreditava que somente a resolução de conflitos sociais, religiosos, raciais, conjugais ou industriais poderia melhorar a condição humana. Lewin defendia que o entendimento e a reestruturação da percepção do mundo que circunda determinado grupo por meio do aprendizado era a chave para solucionar os conflitos sociais. Essa visão, provavelmente, é decorrente da influência gestáltica em sua formação e atuação em Berlim. Na teoria da Gestalt, o todo é mais do que a soma das partes (Burnes, 2004).

Apesar de sua competência e do destaque internacional, nunca chegou a ser professor titular na Universidade de Berlim. Outras situações que vivenciou na Alemanha também influenciaram seu trabalho em universidades e empresas nos Estados Unidos.

Na Universidade de Iowa, a princípio, tinha como propósito criar, em parceria com a Universidade Hebraica de Jerusalém, uma nova área no Instituto de Psicologia para atender imigrantes e ajudá-los a se adaptar e sobreviver de maneira sadia no novo ambiente, porém não obteve sucesso (Adelman, 1993; Burnes; Bargal, 2017).

Nessa fase, Lewin estava propenso a compreender e encontrar uma interpretação científica para o que sofreu. Vale destacar que, mesmo antes do Holocausto, a história do povo judeu já era marcada por perseguições e diferentes formas de cativeiro.

Por outro lado, a história pessoal de Lewin permitiu que ele se identificasse com os problemas vivenciados por mulheres, afrodescendentes, adolescentes e jovens que viviam nas ruas, os quais eram excluídos das prioridades da sociedade estadunidense (Melo; Maia Filho; Chaves, 2016). Ao trabalhar com esses grupos minoritários, Lewin compreendeu a necessidade de entender a dinâmica interna deles e ajudá-los a buscar independência, igualdade e cooperação entre si.

Dessa forma, Lewin elaborou a psicologia dos grupos minoritários, sendo conduzido a repensar e redefinir quais problemas constituem o centro da exploração e da experimentação da psicologia social, tendo como resultado a obra *A dinâmica dos grupos* (Cosentino; Massimi, 2012).

Ao longo de sua estadia na Universidade de Iowa, teve a oportunidade de prestar consultoria para diversas organizações públicas e privadas. Em 1945, foi convidado a integrar a equipe do Instituto de Tecnologia de Massachusetts, no qual instituiu e foi diretor do Centro de Pesquisa em Dinâmica de Grupos.

Nesse centro, foram conduzidas pesquisas teóricas e aplicadas em psicologia social, abordando temas como tomada de decisões em grupo, relações intergrupos, processos e dinâmica de grupos, estilos de liderança e resolução de conflitos (Burnes; Bargal, 2017). Foram trabalhadas questões ligadas a temas como intolerância e discriminação, por exemplo, vinculadas a gênero, raça e grupo social (Burnes; Bargal, 2017).

A pesquisa e o trabalho com os grupos organizacionais ou minoritários tinham como objetivo desenvolver e aprimorar as relações sociais dentro dos respectivos grupos e entre os diferentes grupos que ocupavam determinado espaço. Visavam, também, ao fortalecimento da comunicação e à cooperação na busca da independência e da igualdade de direitos (Aldeman, 1993).

Tal trabalho tinha como premissa que os grupos precisavam:

- de autoconhecimento – que compreende identificar situações-problema/rotinas/padrões de comportamento, refletir sobre os fatos ou ações que podem ser definidos como causadores dela e discutir em grupo, respeitando a opinião de cada membro;
- estar aptos a propor e tomar as decisões que atendessem aos anseios de todos os integrantes do grupo;
- agir e colocar em prática a decisão tomada;
- monitorar e avaliar a ação.

Esse processo deve ser contínuo e ascendente, conforme representado na Figura 2.1.

Figura 2.1 – Espiral cíclica que representa o processo da pesquisa-ação

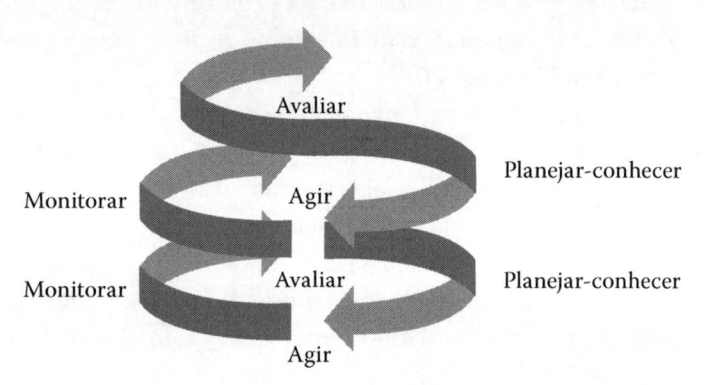

```
                    Avaliar
                                        Planejar-conhecer
    Monitorar        Agir

    Monitorar       Avaliar             Planejar-conhecer
                    Agir
```

O princípio que norteou a implantação desse processo de trabalho e garantiu sua eficácia encontrava-se em propiciar a participação democrática de todos os envolvidos, pois Lewin acreditava que os valores democráticos poderiam impedir conflitos sociais (Burnes, 2004).

Vale relembrar que, para Lewin, o grupo ao qual pertence o indivíduo constitui a base de suas percepções, ações e sentimentos, e a dinâmica de valores e regras do grupo libertava ao mesmo tempo que aprisionava (Cosentino; Massimi, 2012).

Na visão de Lewin, o grupo não é a soma de seus elementos. Cada grupo é único e muda à medida que cada uma de suas partes altera-se. Por isso, é importante que o grupo tenha conhecimento de suas forças e fraquezas.

O trabalho de Lewin como pesquisador, professor e consultor permitiu que ele atuasse em quatro linhas principais: (1) teoria de campo; (2) dinâmica de grupos; (3) pesquisa-ação; e (4) modelo de três etapas – descongelar, movimentar e recongelar.

Outra relevante contribuição de Lewin foi chamar a atenção para a necessidade do trabalho interdisciplinar, com visão holística, por exemplo, entre sociólogos, antropólogos e psicólogos a fim de promover melhorias nas relações sociais.

Embora tenha falecido há mais de 70 anos, é possível notar crescente interesse e uso dessa metodologia, denominada *pesquisa-ação*, tanto nos meios acadêmicos quanto organizacionais governamentais e não governamentais e empresariais, bem como nas mais diversas áreas. Esse interesse ocorre pela praticidade das ações sem perda de cientificidade.

Para saber mais

CHIZZOTTI, A. História e atualidade das ciências humanas e sociais. **Cadernos de História da Educação**, v. 15, n. 2, p. 599-613, maio/ago. 2016. Disponível em: <http://www.seer.ufu.br/index.php/che/article/view/35546/18737>. Acesso em: 22 jan. 2021.

PAPANEK, M. L. Kurt Lewin and His Contributions to Modern Management Theory. **Academy of Management**, v. 1973, n. 1, p. 317-322, 1973. Disponível em: <https://doi.org/10.5465/ambpp.1973.4981410>. Acesso em: 22 jan. 2021.

Sugerimos essas leituras para ampliar o conhecimento sobre a vida e a obra de Lewin.

Agora que você já conheceu um pouco do trabalho desenvolvido por Lewin, daremos sequência à retrospectiva histórica falando de John Dewey, também considerado um dos precursores no uso da pesquisa-ação.

2.4 John Dewey

John Archibald Dewey, conhecido no meio acadêmico como *Dewey*, nasceu em 20 de outubro de 1859 em Burlington, no estado de Vermont, nos Estados Unidos. Graduou-se em 1879 na Universidade de Vermont e, por dois anos, foi professor de Latim, Álgebra e Ciências na escola secundária de Oil City, na Pensilvânia. Nessa época, por um curto período, foi também o único professor de uma escola rural próxima a Burlington. Após essa experiência trabalhando com adolescentes, optou por retornar aos estudos.

Na Universidade Johns Hopkins, em 1884, obteve o título de filósofo, tendo como base de sua formação os princípios de Hegel[1]. Atuou como docente de Filosofia e Psicologia na Universidade de Michigan entre 1884 e 1894.

Na sequência, transferiu-se para a Universidade de Chicago, onde coordenou atividades que abrangiam as áreas de filosofia, psicologia e pedagogia nos anos de 1894 a 1904. Aos poucos, afastou-se da visão neo-hegeliana e adotou uma nova forma de pensar e agir. Foi um dos fundadores da Escola Filosófica de Pragmatismo, tendo como influência as ideias e os trabalhos de Charles Peirce[2] e William James[3].

Em sua amplitude, o pragmatismo é visto como a conexão entre razão e experiência, teoria e prática, pensamento e ação, ser humano e natureza, pois o mundo é uno. Por outro lado, ele é conceituado como um critério de significação, ou seja, apenas

---

1 Filósofo alemão (1770-1831). A escola que fundou teve como tese principal a identidade do finito e do infinito, o que significa a redução do ser humano e de toda a experiência humana ao absoluto.
2 Filósofo estadunidense (1839-1914).
3 Psicólogo e filósofo estadunidense (1842-1910), considerado o pai do pragmatismo.

os conceitos que têm consequências práticas concebíveis têm significado.

Nessa concepção, Dewey propõe que a inteligência investigativa ou o pensamento reflexivo é que deve estabelecer essas relações. Dewey concebeu a filosofia como forma de responder aos problemas existentes, ou seja, aos problemas reais vivenciados pelos indivíduos ou pela coletividade. Outra característica marcante no trabalho de Dewey é o conceito de democracia, tanto no aspecto filosófico quanto na prática pedagógica. Ao conceber a teoria da investigação, teve como fundamento a integração da ciência e da prática.

Em termos pedagógicos, os princípios e as ideias propostos por Dewey se consolidaram por intermédio do ensino. Ele ensinava os alunos a pensar, tendo como ponto de partida situações-problema oriundas do meio. E, assim, surgia o primeiro tipo de pesquisa-ação.

Dewey identificou cinco fases do pensamento reflexivo: (1) sugestão; (2) intelectualização; (3) hipótese; (4) raciocínio; e (5) ação (testar a hipótese). À medida que conhecemos o trabalho e a obra de Dewey, fica evidente que, para ele, os problemas práticos requerem soluções práticas. Essa concepção foi levada para suas atividades pedagógicas, pois os alunos deveriam formular hipóteses, testá-las e colocá-las em prática.

Dewey é um dos precursores da pesquisa-ação e, mesmo não fazendo referência direta a essa expressão em seus trabalhos, abriu, nas ciências sociais, uma porta que permitiu sua concepção e aplicação como forma de pensar e atuar.

Convém destacar que ninguém trabalha isoladamente. Assim, na sequência, destacaremos outro estudioso que fez parte do grupo de trabalho e pesquisa de Lewin, Ronald Lippitt.

2.5 Ronald Lippitt

Ronald Lippitt nasceu em 21 de março de 1914 e foi criado em Minnesota, nos Estados Unidos. Obteve o bacharelado em Psicologia no Springfield College, em Massachusetts. Durante a graduação, teve a oportunidade de estudar na Universidade de Geneva, no Instituto Rousseau, com Jean Piaget, tendo se especializado em Desenvolvimento Infantil em 1935.

Posteriormente, nos anos de 1940 e 1941, trabalhou como professor assistente de Psicologia na Universidade do Sul de Illinois e foi diretor de pesquisa do Conselho Nacional de Escoteiros. Durante a Segunda Guerra Mundial, atuou junto ao governo dos Estados Unidos como oficial do Corpo Comissionado do Serviço de Saúde Pública e dirigiu a Escola de Treinamento de Guerra Psicológica do Extremo Oriente para o Escritório de Serviços Estratégicos. Após a Segunda Guerra Mundial, foi diretor de treinamento da Agência de Segurança Federal e liderou, na companhia de Leland Bradford, um programa de intervenção na mudança organizacional por meio de uma estratégia de entradas múltiplas em agências federais e em hospitais. Também foi docente e pesquisador da Universidade de Michigan (Pollard, 2000; Smith, 2001).

No Instituto de Tecnologia de Massachusetts, ajudou Lewin a fundar o Centro de Pesquisa em Dinâmica de Grupos e foi professor associado de Ciências Sociais de 1946 a 1948. Nessa época, em parceria com Lewin, Leland Bradford e Kenneth Benne, fundou o National Training Laboratories for Applied Behavioral Science (NTL) e inventou o grupo T Basic Skill Training Group ou Sensitivity Training em Bethel, no Maine, com foco em treinamento para o desenvolvimento organizacional.

Em 1948, após o falecimento de Lewin, transferiu o Centro de Pesquisa em Dinâmica de Grupos para a Universidade de Michigan, onde atuou na área de psicologia e sociologia até 1974. Até sua morte, atuou como consultor de gerenciamento e planejamento em diversas organizações tanto governamentais quanto privadas, muitas das quais fundou. Sua produção bibliográfica (artigos, oficinas e relatos de consultoria) denota que ele defendia o uso da ciência comportamental para melhorar a qualidade do serviço e a produtividade nas organizações, abordando temas como dinâmica de grupo, futuro, processos de aprendizado, socialização e desenvolvimento de crianças e jovens. Faleceu em 28 de outubro de 1986.

Lippitt, após a morte de Lewin, foi um dos responsáveis por resgatar os trabalhos do colega, muitos dos quais não tinham sido publicados, e divulgá-los com a ajuda dos familiares de Lewin.

Na literatura, encontramos algumas controvérsias quanto a possível parceria entre Lewin e John Collier, da qual pode ter surgido a pesquisa-ação. Conheceremos, a seguir, um pouco dessa história.

2.6 John Collier

John Collier nasceu em Atlanta, nos Estados Unidos, em 4 de maio de 1884. Formou-se na Universidade de Columbia e no Collège de France, em Paris.

Trabalhou como administrador-chefe do Bureau of Indian Affairs na administração de Franklin D. Roosevelt (1933-1945). Defendia que a sobrevivência indígena se baseava na retenção de sua base territorial e de suas crenças e tradições. Com base nesse trabalho e em experiências anteriores, por exemplo, no People's Institute, desenvolveu uma filosofia social que foi a base de seu estudo com grupos indígenas.

No meio político e acadêmico, há controvérsias em relação ao trabalho desenvolvido por Collier junto às comunidades indígenas. Os historiadores do Indian New Deal afirmam que Collier resgatou temporariamente as comunidades indígenas de abusos federais e as ajudou a sobreviver à Grande Depressão, mas, por outro lado, acreditam que ele pode ter prejudicado essas comunidades ao impor suas ideias sociais e políticas.

Relatos certificam que na mesma época, mas de maneira independente, Lewin e Collier trabalharam na implantação da pesquisa-ação. Lewin a usava como um instrumento metodológico, e Collier, como uma forma de engajamento político na busca por uma sociedade democrática (Maksimović, 2010). Outros relatos, porém, indicam que Collier colaborou com Lewin (Cooke, 2021).

Collier, ao revisar seu trabalho no Bureau of Indian Affairs, em maio de 1945, observou que a pesquisa deveria ser efetivada pelo administrador e pelo leigo, bem como ser criticada por eles por meio de sua experiência. Assim, o administrador e o leigo deveriam participar de maneira criativa na pesquisa.

Em relação ao Institute for Ethic Affair, Collier o definia como uma agência de pesquisa-ação criada para encontrar soluções para os problemas relativos a grupos intra e inter-raciais, grupos minoritários culturais e povos dependentes no país e no exterior.

O pesquisador australiano David Tripp (2005) afirma que após Lewin ter cunhado o termo *pesquisa-ação* na literatura, essa nomenclatura foi considerada um termo que abrangia quatro processos distintos: (1) pesquisa-diagnóstico; (2) pesquisa participante; (3) pesquisa empírica; e (4) pesquisa experimental.

A pesquisa-ação, na condição de processo metodológico, portanto, pode ser utilizada em diferentes áreas e com finalidades distintas.

Síntese

Neste capítulo, apresentamos estudiosos que tinham em comum o agir ou propor ações intervencionistas no enfrentamento de situações-problema com as quais se deparavam. Essas ações eram resultado de avaliações, as quais compunham um processo profundo e longo de diagnóstico e análise realizados em conjunto com os sujeitos da situação-problema. Tais sujeitos transformam-se, assim, nos atores de uma nova prática social.

São diversos os nomes dados a essa forma de atuar, mas qualquer que seja ela, o histórico da pesquisa-ação revela que esse procedimento metodológico difere da pesquisa científica tradicional. A diferença encontra-se principalmente no fato de a pesquisa-ação limitar-se pelo contexto e pela ética da prática ao mesmo tempo que altera o objeto pesquisado.

Embora haja resquícios de que a pesquisa-ação já tenha sido utilizada na Antiguidade, verificamos que ela vem sendo aplicada em diferentes áreas e com diversas finalidades. Os trabalhos desenvolvidos na segunda metade do século XX utilizando seus princípios abrangem áreas como administração, desenvolvimento comunitário, mudança organizacional, ensino, mudança política, conscientização e outorga de poder (*empowerment*), desenvolvimento nacional na agricultura, em negócios bancários, saúde e geração de tecnologia via Banco Mundial.

No próximo capítulo, você terá a oportunidade de conhecer os brasileiros Paulo Freire e Bosco Pinto, pioneiros no uso dessa metodologia no Brasil.

Atividades de autoavaliação

1. Analise as afirmações a seguir sobre o trabalho de Kurt Lewin e marque V para as verdadeiras e F para as falsas:

    ( ) As discriminações e as injustiças sofridas por ele em decorrência da opressão nazista influenciaram sua prática profissional.

    ( ) Lewin optou por trabalhar com grupos minoritários e excluídos. Assim, para ajudá-los na busca por independência, igualdade e cooperação, acreditava ser necessário compreender a dinâmica interna deles.

    ( ) Para Lewin, o autoconhecimento implica identificar uma situação-problema que aflige o grupo, refletir sobre os fatos ou as ações que geraram a situação, discutir a situação no grupo propor e tomar decisões, monitorar e avaliar as ações propostas.

Agora, assinale a alternativa que contém a sequência correta:

a) V, V, V.
b) F, V, F.
c) F, F, V.
d) V, F, F.
e) V, V, F.

2. Analise as afirmações a seguir sobre as propostas formuladas por Lewin e marque V para as verdadeiras e F para as falsas:

( ) O procedimento metodológico aplicado por Lewin foi denominado *pesquisa-ação* e caracteriza-se pelo agir com praticidade sem perder a cientificidade.
( ) Lewin não valorizava a importância do trabalho interdisciplinar com visão holística.
( ) A percepção de Lewin em relação à influência do meio sobre os indivíduos está representada na fórmula: $B = f(P, E)$, em que B = comportamento, P = pessoa e E = ambiente.

Agora, assinale a alternativa que contém a sequência correta:

a) V, V, V.
b) F, V, F.
c) F, F, V.
d) V, F, V.
e) V, V, F.

3. Analise as afirmações a seguir sobre a forma de pensar e de atuar de John Dewey e marque V para as verdadeiras e F para as falsas:

( ) Considerando a unicidade do mundo, há uma conexão entre razão e experiência, teoria e prática, pensamento e ação, ser humano e natureza.
( ) O conceito de democracia não está inserido em sua forma de atuar.

( ) Na área pedagógica, Dewey buscava ensinar os alunos a pensar, e as discussões e as reflexões surgiam de situações-problema oriundas da realidade deles.
( ) Seu trabalho na área educacional era exclusivamente voltado à solução de questões práticas. Tinha como ponto de partida a formulação de hipóteses, que deviam ser testadas e colocadas em prática.

Agora, assinale a alternativa que contém a sequência correta:

a) V, F, V, F.
b) F, V, F, V.
c) F, F, V, V.
d) V, F, F, V.
e) V, F, V, V.

4. Analise as afirmações a seguir sobre Ronald Lippit e marque V para as verdadeiras e F para as falsas:

( ) Sua atuação profissional voltava-se principalmente à área organizacional.
( ) Defendia o uso da ciência comportamental para melhorar a qualidade do serviço e a produtividade das organizações.
( ) Seu trabalho tinha como temas centrais a dinâmica de grupos, os processos de aprendizado, a socialização e o desenvolvimento de crianças e jovens.
( ) Resgatou e divulgou os trabalhos de Lewin após sua morte.

Agora, assinale a alternativa que contém a sequência correta:

a) V, V, V, V.
b) F, V, F, V.
c) F, F, V, V.
d) V, F, F, V.
e) V, F, V, V.

5. Analise as afirmações a seguir sobre John Collier e marque V para as verdadeiras e F para as falsas:

( ) Trabalhou em parceria com Kurt Lewin na consolidação da pesquisa-ação como recurso didático no contexto acadêmico.

( ) Utilizou os princípios da pesquisa-ação em atuações na esfera organizacional visando à resolução de conflitos que atingiam grupos minoritários.

( ) Utilizou a pesquisa-ação apenas como recurso metodológico, ao passo que Kurt Lewin a utilizava como forma de engajamento político na busca por uma sociedade democrática.

Agora, assinale a alternativa que contém a sequência correta:

a) V, V, V.
b) F, F, F.
c) F, F, V.
d) V, F, V.
e) V, V, F.

Atividades de aprendizagem

Questões para reflexão

1. Como pesquisador e professor, o trabalho de Lewin caracteriza-se pelo estudo e pela atuação com grupos considerados minoritários ou excluídos socialmente. Cite três exemplos de grupos com os quais Lewin trabalhou nos Estados Unidos e explique qual era seu principal objetivo ao trabalhar com eles.

2. Relacione as etapas de ação propostas por Lewin e sua equipe de trabalho que contribuem para que o diálogo e a cooperação intergrupal sejam a base da conquista da independência do grupo na busca por seus direitos.

Atividade aplicada: prática

1. Ao conhecermos e nos aprofundarmos na vida e na obra de Kurt Lewin, compreendemos melhor seu lema de trabalho: "Não há ação sem pesquisa e não há pesquisa sem ação". Pense em como você pode transpor esse lema para sua realidade profissional.

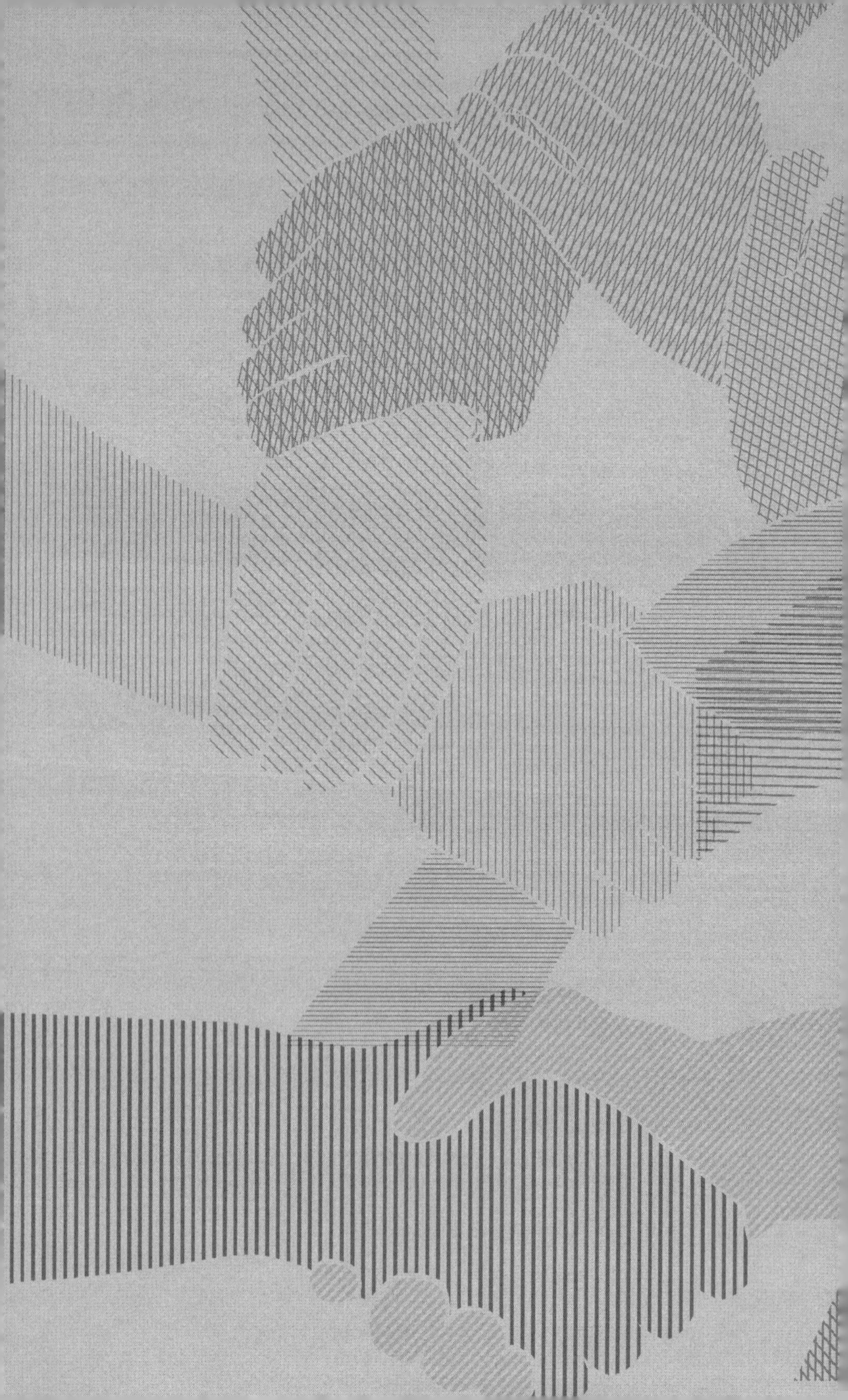

CAPÍTULO 3

Alicerce brasileiro

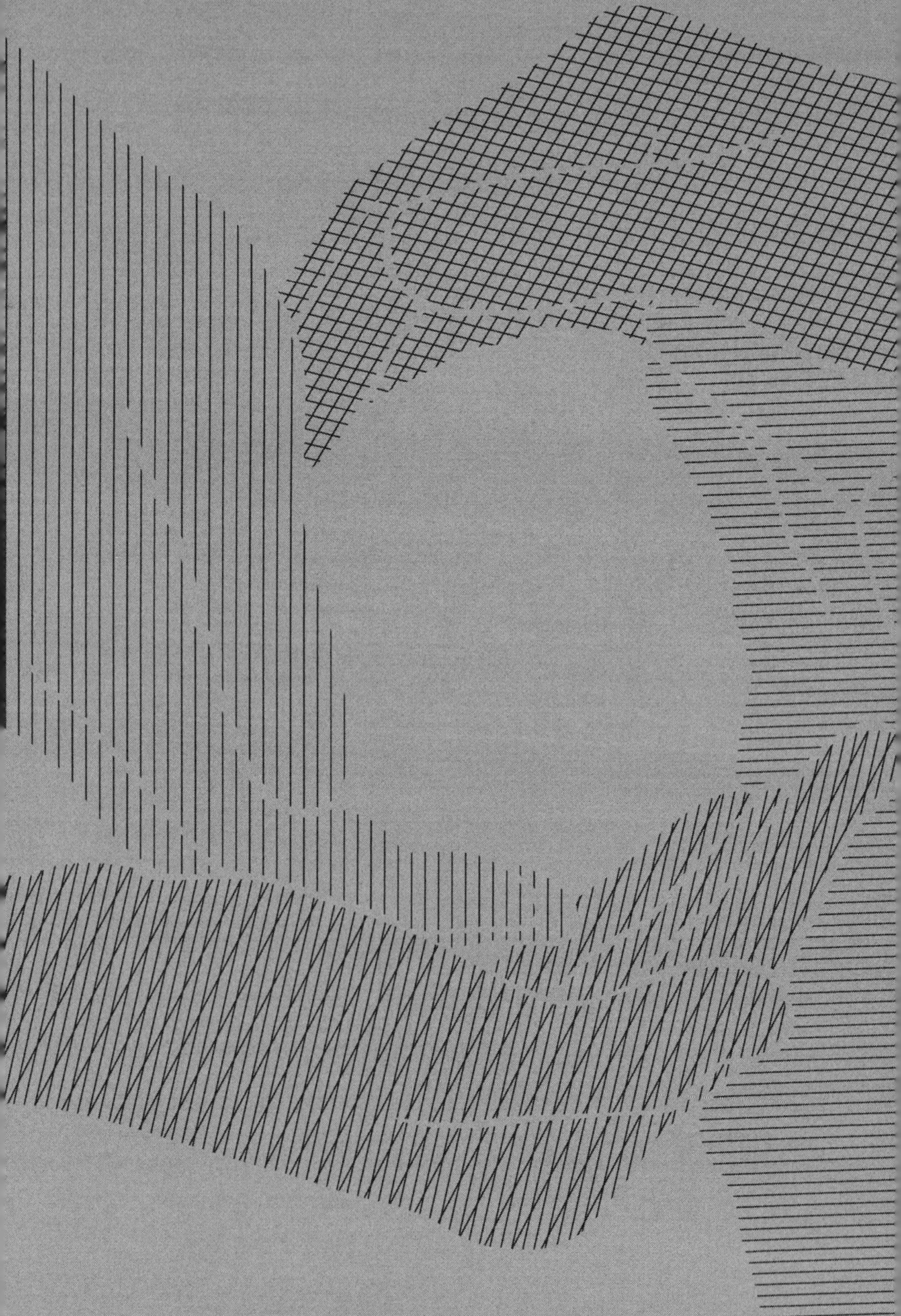

Neste capítulo, analisaremos a biografia de dois educadores brasileiros: Paulo Freire e João Bosco Pinto, os primeiros a usar a pesquisa investigativa/pesquisa-ação como instrumento de trabalho. Buscaremos na literatura aprofundamento sobre a obra de Paulo Freire para entender por que ele se tornou um ícone internacional e referência na educação, sobretudo de jovens e adultos. Perceberemos, assim como fez Paulo Freire, que conhecer, refletir, discutir e agir são etapas essenciais para intervir de modo eficaz na sociedade. Conferiremos, também, aspectos da biografia do teólogo e sociólogo Bosco Pinto, um dos pioneiros na utilização da pesquisa-ação no Brasil. Discutiremos, ainda, a importância do uso da pesquisa-ação junto a grupos sociais minoritários ou excluídos.

3.1 Paulo Freire

A diversidade de contextos e situações que enfrentamos, associada à diversidade de pessoas com as quais convivemos e conhecemos dia a dia, favorece a execução de diferentes práticas sociais. Práticas estas que, muitas vezes, estão internalizadas em nosso eu e que podem passar despercebidas ou nos levar a refletir, analisar e atuar de maneira inovadora.

Esse modo inovador de identificar uma situação-problema, refletir e agir sobre ela tem, muitas vezes de modo implícito, como princípios norteadores os pilares da pesquisa-ação e vem sendo aplicado por diferentes pesquisadores no Brasil.

A reflexão crítica sobre a prática torna-se uma exigência da relação teoria-prática, sem a qual a teoria pode se transformar em palavras sem efeito, e a prática, em ativismo (Freire, 1996).

O educador brasileiro Paulo Reglus Neves Freire nasceu em Recife, no estado de Pernambuco, em 19 de setembro de 1921. Diferentes autores relatam sua biografia, mas optamos por nos basear nos trabalhos de Ana Maria Araújo Freire (1996), sua segunda esposa, para redigir um breve relato de sua vida e obra e contextualizá-lo na temática da pesquisa-ação, considerando que, além do material referenciado, outras informações podem ser encontradas em uma vasta bibliografia disponível em bibliotecas eletrônicas e físicas.

Aos 10 anos, em razão da crise econômica de 1929, Freire mudou-se com a família para Jaboatão, cidade na região metropolitana de Recife, em busca de uma vida melhor. A morte precoce do pai, as dificuldades e as privações enfrentadas fortaleceram o amor que o unia à mãe e aos três irmãos. A mãe o alfabetizou no quintal de sua casa, utilizando gravetos para escrever as palavras na terra.

Em razão das dificuldades enfrentadas, somente aos 22 anos de idade, em 1943, conseguiu ingressar na Faculdade de Direito do Recife. Na época, esse era o único curso disponível na área de ciências humanas. Nesse período, casou-se e atuou pouco tempo como advogado, pois sua paixão e seu dom sempre foram na área educacional.

Durante cerca de 20 anos, atuou na área de educação em diferentes órgãos e instituições públicas e privadas. Em 1959, obteve o título de doutor em filosofia e história da educação e, posteriormente, em 1960, foi nomeado professor efetivo de filosofia e história da educação da Faculdade de Filosofia, Ciências e Letras da Universidade do Recife. Entre 1961 e 1964, foi um dos integrantes do Conselho Estadual de Educação de Pernambuco. Tornou-se conhecido no Brasil e no exterior como educador.

Outra característica marcante foi o engajamento de Freire nos movimentos populares. Ele pregava a educação social, na qual o educando conhecia a si mesmo e os problemas sociais que o circundavam e, assim, podia inserir-se na vida pública e participar das decisões sociais e políticas. Nessa concepção, incentivava a alfabetização, sobretudo dos adultos que não puderam ser alfabetizados na infância e na adolescência.

Em 1964, em razão de seu posicionamento ideológico, pediu asilo político na Bolívia e, depois, no Chile, onde ficou até 1969. Trabalhou no Instituto de Desenvolvimento Agropecuário e no

Ministério da Educação do Chile e como consultor da Organização das Nações Unidas para a Educação, a Ciência e a Cultura (Unesco) no Instituto de Capacitação e Investigação em Reforma Agrária do Chile. Em paralelo, lecionou nos Estados Unidos e trabalhou no Conselho Mundial das Igrejas. Entre abril de 1969 e fevereiro de 1970, lecionou na Universidade de Harvard, em Cambridge, Massachusetts, como professor convidado.

Entre 1970 a 1980, viveu na Suíça, onde foi consultor especial do Departamento de Educação do Conselho Mundial de Igrejas, tendo a oportunidade de contribuir com o processo educacional de vários países dos cinco continentes, exceto o Brasil. Atuou, também, como professor da Universidade de Genebra, sempre na área de educação.

Seu retorno definitivo ao Brasil ocorreu em junho de 1980, após o fim da ditadura militar e a anistia. Até sua morte, em 2 de maio de 1997, trabalhou em diversas instituições de ensino superior, como a Pontifícia Universidade Católica de São Paulo (PUC-SP), a Universidade Estadual de Campinas (Unicamp) e a Universidade de São Paulo (USP), além de secretário de Educação de São Paulo e consultor da Unesco. Também proferiu palestras, escreveu livros, participou de grupos de reflexão sobre educação, entre outras atividades (Gadotti, 1996).

De maneira sucinta, Gadotti (1996) apresenta o método Paulo Freire esquematizando-o em três momentos dialética e interdisciplinarmente entrelaçados

1. **Investigação temática** –aluno e professor buscam no universo vocabular do aluno e da sociedade onde ele vive as palavras e os temas centrais de sua biografia;
2. **Tematização** – eles codificam e decodificam esses temas e ambos buscam seu significado social, tomando, assim, consciência do mundo vivido;
3. **Problematização** – eles buscam superar uma visão mágica e adquirir uma visão crítica, partindo para a transformação do contexto vivido.

Segundo Gadotti (1996, p. 80, grifo do original), Paulo Freire

> não pensa a realidade como um sociólogo que procura apenas entendê-la. Ele busca, nas ciências (sociais e naturais), elementos para, compreendendo mais cientificamente a realidade, poder intervir de forma mais eficaz nela. Por isso ele pensa a educação ao mesmo tempo como **ato político**, como **ato de conhecimento** e como **ato criador**.

Ainda de acordo com Gadotti (1996, p. 78-79, grifo do original),

> Na constituição, o método pedagógico de Paulo Freire fundamentava-se nas ciências da educação, principalmente a psicologia e a sociologia; teve importância capital a **metodologia das ciências sociais**. A sua teoria da codificação e da decodificação das palavras e temas geradores (interdisciplinaridade) caminhou passo a passo com o desenvolvimento da chamada **"pesquisa participante"**.

Você deve estar se perguntando como uma proposta metodológica centrada na problemática da alfabetização foi progressivamente se transformando em um método de investigação que se tornou aplicável em diferentes contextos sociais e processos educacionais mais complexos. Outros pesquisadores também já fizeram esse questionamento e procuraram respondê-lo, um deles foi Bosco Pinto, conforme relatado por Thiollent (2014, p. 32):

> Dentro do que denomina método psicossocial, operacionaliza um processo que se pode sintetizar em seus momentos metodológicos essenciais: problematização-reflexão-ação. Esses momentos interativos se instrumentalizam através da técnica de círculos de estudos, que são pequenos grupos populares de analfabetos organizados com base em vários procedimentos (em especial) com as perguntas ou palavras geradoras; sempre no contexto de seu princípio referencial: a dialogicidade.

Posteriormente, detalharemos as etapas da pesquisa-ação e você entenderá como cada uma delas integra essa metodologia de trabalho.

Muitos de vocês, leitores, talvez não conheçam João Bosco Guedes Pinto ou, como ficou internacionalmente conhecido, *Bosco Pinto*. A seguir, conheceremos sua biografia.

3.2 Bosco Pinto

Assim como muitos profissionais de sua época, Bosco Pinto estava entretido e comprometido com o trabalho que desenvolvia e não se preocupava em torná-lo público para a posterioridade. Alguns estudiosos brasileiros, como Laura Duque-Arrazola e Michel Thiollent, entre outros, que conheceram a obra de Bosco Pinto ou tiveram acesso a seus registros – textos didáticos, relatórios institucionais, artigos impressos em revistas e apostilas mimeografadas – nos permitem, atualmente, compartilhar o conhecimento desse sociólogo e educador que atuou intensamente por mais de 30 anos, entre 1960 e 1990, no contexto da educação popular e rural no Brasil e na América Latina.

Afinal, quem foi Bosco Pinto? O relato de sua biografia é subsidiado por informações obtidas em Duque-Arrazola e Thiollent (2014), Baldissera (2001), entre outros autores.

Bosco Pinto nasceu em Manaus, no estado do Amazonas, em 10 de abril de 1934, onde residiu até os 10 anos. Em Recife, viveu os próximos dez anos e formou-se como seminarista salesiano para atender aos anseios do pai. Em Montreal, no Canadá, obteve a licenciatura em teologia na Montis Reggii University (1958), porém retornou ao Brasil decidido a não seguir a carreira religiosa. Mudou-se com a família para o Rio de Janeiro e, posteriormente, para Viçosa, por ter sido aprovado no concurso público para Técnico-Pesquisador do Instituto de Economia Rural da Universidade Federal de Viçosa.

Como pesquisador, teve a oportunidade de obter a titulação de mestre e doutor em Sociologia Rural pela Universidade de Wisconsin-Madison, nos Estados Unidos. Ao término de sua formação, retornou a suas atividades na Universidade Federal de Viçosa, onde permaneceu até 1968. Deixou o Brasil na época da ditadura militar e foi trabalhar como sociólogo rural no Centro Interamericano de Desenvolvimento Rural e Reforma Agrária (Cira),

pertencente ao Instituto Interamericano de Ciências Agrícolas (IICA), com sede em Bogotá, na Colômbia.
Bosco Pinto, entre 1968 e 1978, trabalhou em quase todos os países latino-americanos. Conforme Duque-Arrazola (2014, p. 6), esse período foi marcado por:

> análises críticas da realidade capitalista latino-americana reclamando por transformações socioeconômicas e políticas; debates e críticas às teorias, modelos e programas de desenvolvimento promovidos para a região pelos países imperialistas ou centrais, em particular os EUA; críticas à extensão rural e revolução verde, Aliança para o progresso, a problemática educacional e as ditaduras militares latino-americanas, entre outras mais.

Em decorrência de sua formação e de sua prática profissional voltadas ao papel de educador-educando no meio acadêmico (Universidade Nacional da Colômbia, Pontifícia Universidade Xaveriana, em Bogotá, na Colômbia, Instituto Tecnológico da República Dominicana, Universidade de Zulia, na Venezuela, Universidade de Guelph, no Canadá, Universidade Católica, na Nicarágua, e Universidade Federal de Pernambuco) e como técnico do IICA-Cira, envolveu-se, por exemplo, com o movimento político camponês e da reforma agrária, com a teologia da libertação, o movimento da educação popular, pensamento crítico marxista na Colômbia e em outros países da região (Duque-Arrazola, 2014).

Essas ações conduziram Bosco Pinto e outros pesquisadores a buscar metodologias alternativas à pesquisa clássica, que separava ciência e política, teoria e prática no fazer científico e monopolizava o conhecimento, direcionando-o a uma elite acadêmica e institucional predominantemente masculina e branca. Entre as metodologias alternativas, estavam o método psicossocial, a investigação temática de Paulo Freire, a pesquisa-ação e a investigação-ação-participativa, metodologias cuja origem estava nos trabalhos desenvolvidos por Kurt Lewin.

Essas metodologias eram concebidas como mediações sociológicas e educacionais para conhecer a realidade e transformá-la por intermédio do protagonismo da classe trabalhadora urbana e rural. Bosco Pinto enfatizava que a cientificidade do método estava na compreensão qualitativa do social.

Bosco Pinto, ao retornar ao Brasil, trabalhou nos estados do Nordeste, onde aplicou a pesquisa-ação em trabalhos realizados junto a órgãos governamentais e em projetos de extensão universitária, como na Companhia Hidrelétrica do São Francisco (Chesf), na Secretaria de Educação do Estado de Pernambuco, na Superintendência de Desenvolvimento do Nordeste (Sudene), na Empresa de Assistência Técnica e Extensão Rural (Emater), na Universidade Federal de Pernambuco (UFPE), entre outros. Seu propósito era introduzir a pesquisa-ação (investigação-ação) como estratégia metodológica para incentivar a participação de camponeses e de outros representantes de setores populares nos processos de planejamento e desenvolvimento regional e local.

Baldissera (2001) observa que, para Bosco Pinto, o uso da pesquisa-ação voltado aos setores populares favorecia o acesso ao conhecimento técnico-científico, o que possibilitava a participação e a revelação da realidade, bem como sua efetiva transformação por meio do trabalho e da ação; o incentivo à criatividade, com o propósito de gerar novas formas de participação; e a organização da base em grupos, nos quais eles pudessem ser agentes de sua transformação e libertação.

Uma das preocupações do educador e pesquisador Bosco Pinto foi sistematizar a sequência metodológica e a operacionalização dos procedimentos para a aproximação da equipe técnico-profissional e de grupos locais ao conhecimento da realidade local, regional ou global visando à formulação de programas de ação.

Outro aspecto relevante do trabalho de Bosco Pinto é que, ao utilizar a pesquisa como prática social e política, contribuía para a conscientização e o empoderamento do povo. A pesquisa deve mudar a vida e as instituições foco do trabalho, assim como os pesquisadores que dela participam. Afinal, sujeito e objeto de conhecimento fazem parte de uma mesma realidade naquele dado momento.

Finalizamos reiterando a importância de perpetuar a obra de Bosco Pinto, que morreu subitamente em 1995. O estudo de sua vida e de sua obra possibilita a atualização de teorias e práticas sociais e educacionais, que podem ser utilizadas em projetos e estudos aplicados a diferentes grupos sociais, por exemplo, em áreas urbanas, empresas, escolas, unidades médicas ou grupos marginalizados por questões raciais, culturais ou econômicas, assim como nas áreas rurais, como fez Bosco Pinto. É importante salientar que discordamos daqueles que veem a pesquisa-ação como um recurso a ser utilizado exclusivamente com grupos sociais mais populares.

Para saber mais

DUQUE-ARRAZOLA, L. S.; THIOLLENT, M. J. M. (Org.). **João Bosco Guedes Pinto**: metodologia, teoria do conhecimento e pesquisa-ação – textos selecionados e apresentados. Belém: Instituto de Ciências Sociais Aplicadas; UFPA, 2014.
Este livro permite que você conheça mais a vida e a obra de Bosco Pinto.

GADOTTI, M. (Org.). **Paulo Freire**: uma biobibliografia. São Paulo: Cortez, 1996.
Este livro permite que você conheça mais a vida e a obra de Paulo Freire.

Síntese

Neste capítulo, vimos que as formas de pensar e de agir de Paulo Freire e de Bosco Pinto entrelaçam-se quando ambos visualizam a importância de o educador ser ao mesmo tempo um educando, alguém que também se encontra em processo de aprendizagem. Além disso, ambos estavam engajados nos movimentos sociais e políticos com o intuito de promover a cidadania, a equidade e a justiça social àqueles deixados à margem da sociedade.

Os métodos utilizados pelos profissionais apresentados podem ser empregados por você em diferentes situações. Use sua criatividade e crie um espaço para que todos sejam protagonistas do processo.

Essa forma de atuar não é exclusiva do trabalho com grupos populares. No próximo capítulo, apresentaremos os princípios, as características e as etapas desse procedimento metodológico.

Atividades de autoavaliação

1. Ao lermos a biografia de Paulo Freire, alguns aspectos de sua história pessoal ficam evidentes na construção de seu perfil profissional: ter sido alfabetizado pela mãe em um processo espontâneo, no qual as palavras e a forma de representá-las graficamente tinham significado em seu dia a dia; a dificuldade financeira que afetou a família após a morte do pai e a persistência para dar continuidade aos estudos frente aos problemas enfrentados; e o engajamento nos movimentos populares. Em relação aos aspectos apresentados, é possível afirmar:

    a) Paulo Freire não foi alfabetizado pela mãe.
    b) Paulo Freire pertencia à burguesia pernambucana, portanto, nunca teve dificuldades de acesso à escola e nem para obter a graduação.
    c) Paulo Freire não era simpatizante dos movimentos populares.
    d) Todos os aspectos apresentados retratam a vida de Paulo Freire.
    e) Nenhum dos aspectos apresentados apresenta relação com a vida de Paulo Freire.

2. Analise as afirmações a seguir sobre Paulo Freire e marque V para as verdadeiras e F para as falsas:

    ( ) Uma característica marcante de Paulo Freire foi pregar a educação social, a qual favorece que o aluno conheça a si mesmo e aos problemas sociais que fazem parte do meio no qual está inserido. Desse modo, ele terá melhores condições de se inserir na vida pública e participar das decisões sociais e políticas.

( ) Paulo Freire tornou-se conhecido tanto no Brasil quanto em outros países, principalmente por sua atuação na área educacional. Em paralelo, destaca-se seu engajamento nos movimentos populares.

( ) Para Paulo Freire, a educação era ao mesmo tempo um ato político, de conhecimento e de criação.

Agora, assinale a alternativa que contém a sequência correta:

a) V, V, V.
b) F, F, F.
c) F, F, V.
d) V, F, V.
e) V, V, F.

3. O método Paulo Freire, segundo o educador brasileiro Moacir Gadotti (1996), compreende, dialética e interdisciplinarmente entrelaçados, os seguintes momentos:

a) temas geradores e problematização.
b) codificação e decodificação das palavras.
c) investigação temática, tematização e problematização.
d) problematização e codificação das palavras.
e) tematização e decodificação dos temas.

4. A problemática da alfabetização foi o centro do trabalho de Paulo Freire. Entretanto, a base problematização-reflexão-ação permitiu que aquilo que se caracterizava como um problema se transformasse em um método de investigação aplicável a diferentes contextos sociais e processos educacionais. Um dos adeptos dessa forma de atuar foi o pesquisador Bosco Pinto. Em relação aos pontos abordados, é possível afirmar:

a) O método Paulo Freire é aplicável exclusivamente a fins educacionais.
b) O tripé problematização-reflexão-ação sustenta ações investigativas tanto na área da educação quanto em outras áreas.

c) A forma de pensar e atuar de Bosco Pinto diverge completamente da maneira de Paulo Freire. Por isso, Bosco Pinto não era adepto da investigação temática de Paulo Freire, da pesquisa-ação e de outras metodologias afins.
d) A problemática da alfabetização nunca esteve presente no trabalho de Paulo Freire.
e) Todas as afirmativas estão incorretas.

5. Sobre os fatores que podem ter contribuído para que Bosco Pinto buscasse uma metodologia de trabalho que conciliasse teoria e prática, ciência e política e, ainda, respeitasse o saber popular e não fosse discriminatória, analise as afirmações a seguir e marque V para as verdadeiras e F para as falsas:

( ) Experiência profissional vivenciada nos países latino-americanos entre 1968 e 1978.
( ) Prática profissional voltada ao papel educador-educando no meio acadêmico.
( ) Envolvimento com o movimento político camponês e da reforma agrária, com a teologia da libertação, com o movimento da educação popular, com o pensamento marxista, entre outros, marcaram sua carreira como técnico tanto no Brasil quanto no exterior.

Agora, assinale a alternativa que contém a sequência correta:

a) V, V, F.
b) F, F, F.
c) F, F, V.
d) V, F, V.
e) V, V, V.

Atividades de aprendizagem

Questões para reflexão

1. Atualmente, muitos autores consideram que o método desenvolvido por Paulo Freire tinha um papel mais político do que voltado ao processo de alfabetização. Em sua percepção como educador e agente de transformação social e com base na biografia referenciada e em outros materiais que possa ter estudado, como o método desenvolvido por Paulo Freire pode ajudá-lo a realizar intervenções proativas na sociedade?

2. Uma característica marcante de Bosco Pinto, provavelmente influenciada pelo momento histórico que vivenciou e por sua formação profissional, foi sua opção por trabalhar com grupos ou professores da zona rural. Em sua opinião, a pesquisa participativa, como é a pesquisa-ação, pode, nos dias atuais, contribuir para o autoconhecimento desses grupos? Por meio desse conhecimento, os grupos podem identificar seus pontos fortes e suas fraquezas e, consequentemente, participar do processo de promoção do desenvolvimento regional? Imagine que você está participando de um fórum sobre agricultores familiares e elenque argumentos para justificar seu posicionamento nessa discussão.

Atividade aplicada: prática

1. Com base nas discussões deste capítulo, elabore uma lista de possíveis grupos sociais com os quais você poderia trabalhar na busca pelo fortalecimento e desenvolvimento deles.

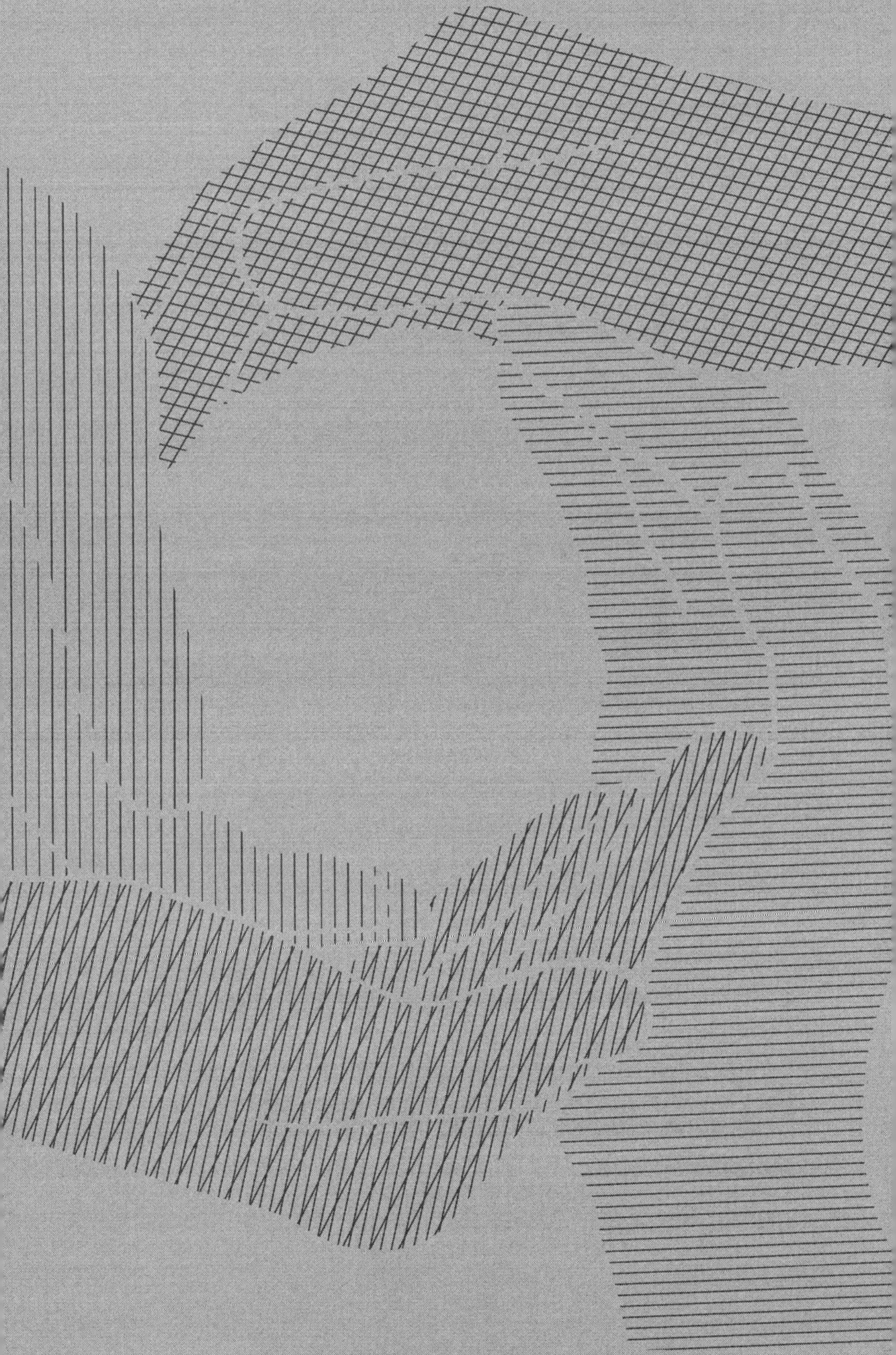

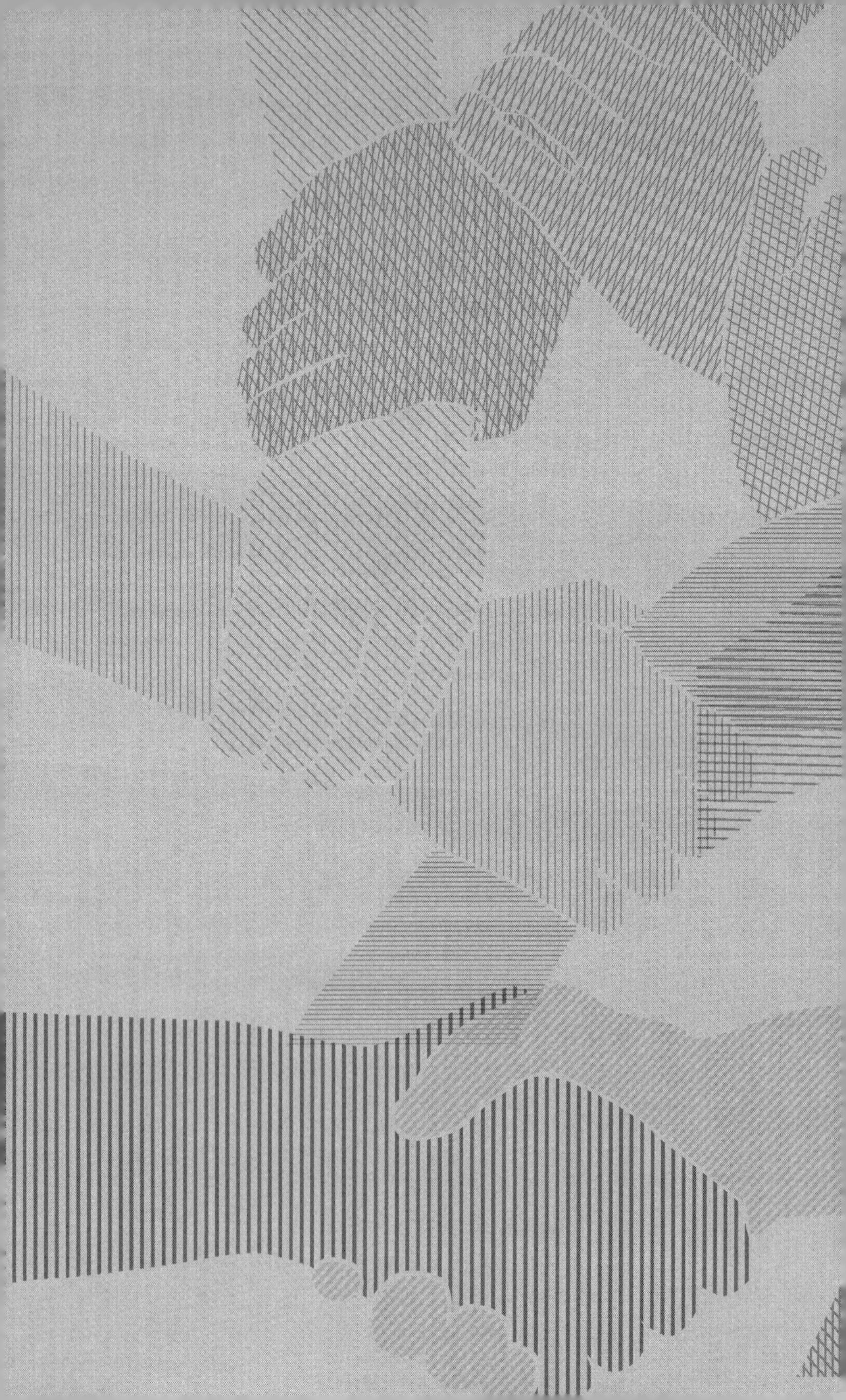

CAPÍTULO 4

Pilares da pesquisa-ação

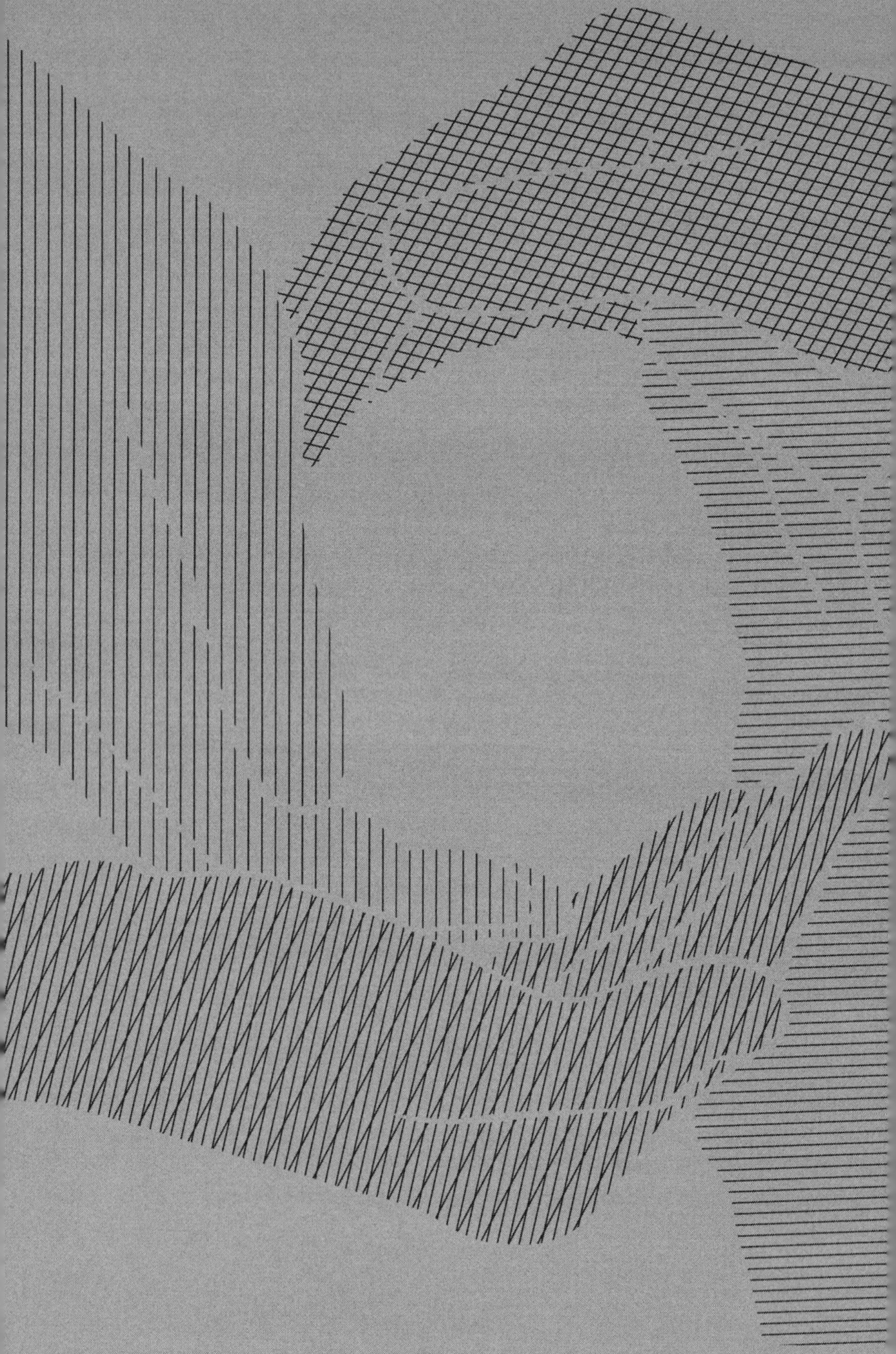

Neste capítulo, conheceremos os princípios que sustentam a pesquisa-ação e os vivenciaremos na prática. O capítulo foi estruturado de modo a apresentar os pilares, aqui denominados *princípios*, que subsidiam a idealização e a implementação de um projeto concebido segundo o procedimento metodológico pesquisa-ação. A nomeação dos princípios teve como referencial a bibliografia pertinente ao tema e a experiência da autora. Dessa forma, foram elencados oito princípios. Após a leitura e a compreensão deles, você estará apto a aplicá-los em seus projetos. Ao longo da leitura, sugerimos que você identifique a aplicação em possíveis situações de seu contexto profissional.

4.1 Princípios da pesquisa-ação

Exemplo prático

No filme *Sérgio*, história baseada na biografia do diplomata brasileiro Sérgio Vieira de Mello, que atuava no Escritório do Alto Comissário das Nações Unidas para os Direitos Humanos, há uma cena na qual Carolina Larreira, economista que também atuava na Organização das Nações Unidas (ONU), no Departamento de Missões de Manutenção da Paz, convida Sérgio para circular entre os habitantes do Timor-Leste e conversar com eles a fim de conhecê-los e entender o que eles tinham como ambição naquele momento.

Essa cena, entre outros exemplos que podem ser relatados, apresenta indiretamente três possíveis opções de ação para uma mesma realidade: (1) ação com base na visão dos dirigentes locais; (2) ação imposta pelos representantes da ONU em busca da paz; e (3) ação que represente a visão da população local quanto a seus anseios.

Ao ouvir a representante da comunidade local, fica explícito ao diplomata que não é possível tomar emprestada uma visão,

> mas sim compartilhá-la. Nesse caso, conhecer significa compartilhar algo, de maneira abstrata, que o outro vivenciou e experimentou. Significa, também, obter informações sobre algo ou sobre determinada situação que, posteriormente, subsidiará a análise dessa situação ou de outras correlatas. Outro aspecto que pode ser identificado é a subjetividade do conhecimento, ou seja, algo que é inerente a cada um.

Nesse momento, você pode estar se questionando se limitar os anseios ou desejos à visão local pode impedir que novas janelas de oportunidades se abram, impossibilitando os moradores locais de enxergar o mundo de uma nova maneira. Não estaríamos, assim, limitando a ação e impedindo que os envolvidos avancem além da própria experiência? Não estaríamos negligenciando que as sociedades são dinâmicas e estão em constante processo de transformação? Você não hesitaria em afirmar que é possível. Nesse caso, você estaria se perguntando como e qual caminho seguir.

Apresentaremos, aqui, um caminho que pode ser seguido na busca pelo conhecimento e pela geração de opções para ações futuras, com base no histórico já apresentado: o caminho da pesquisa-ação.

Não temos a intenção de apresentar uma sequência metodológica que você deve seguir. Nosso propósito é fazê-lo refletir sobre cada uma das etapas e compreender o significado de cada passo, de modo a incentivar o uso de um método que busca unir a investigação à ação, potencializar a autonomia e permitir que todos os envolvidos sejam protagonistas em todo o percurso, isto é, um método que tem como base a interação entre pesquisados e pesquisador. Também pretendemos mostrar que é possível adequar esse método à sua realidade de maneira crítica e criativa.

Iniciaremos apresentando os pilares que sustentam o método, os quais são aqui designados como *princípios da pesquisa-ação*. Tivemos como subsídio para a redação os trabalhos de Thiollent (2009), Tripp (2005), Franco (2005) e Baldissera (2001).

Nossa reflexão inicial tem como referencial teórico David Tripp[1] e, com base nele, elencaremos os princípios que fundamentam esse método. Segundo Tripp (2005, p. 447), a pesquisa-ação "é uma forma de investigação-ação que utiliza técnicas de pesquisa consagradas para informar a ação que se decide tomar para melhorar a prática".

Os oito princípios apresentados estruturam-se como um conjunto de normas que devem ser seguidas, pois orientam as ações daqueles que buscam utilizar esse procedimento metodológico. Vejamos, a seguir, os princípios da pesquisa-ação.

4.1.1 Princípio do ato reflexivo

Estabelece que a origem do processo encontra-se nas necessidades reais de determinado grupo social, o qual participará de maneira ativa em todas as fases. Tem como premissa fazer com que todos possam agir baseados no ato reflexivo (ação-reflexão-ação).

O ato reflexivo ocorre no momento em que o grupo social identifica algum problema que lhe aflige. O desafio está em não o encarar como um problema em si mesmo, mas o analisar com o propósito de identificar sua origem e, na sequência, propor soluções para ele.

Diferentemente dos processos investigatórios científicos tradicionais, as crenças e os valores pertinente aos atores sociais envolvidos integram o processo, influenciam a proposição das ações futuras e, consequentemente, as novas práticas sociais.

Convém salientar que um grupo social pode ser composto, por exemplo, de agricultores que vivem em certa localidade, de mulheres que habitam uma comunidade urbana ou de trabalhadores de uma empresa.

Diariamente, de maneira empírica e, muitas vezes, inconscientemente, agimos segundo esse princípio (agir, refletir, agir) em diversas situações, seja no contexto pessoal, seja no profissional.

---

[1] Professor e pesquisador australiano (1950). Atua no Departamento de Educação da Universidade de Murdoch.

> **Exemplo prático**
>
> O consumo de comidas orientais, como chinesa, japonesa e coreana, popularizou-se nos últimos anos no Brasil e você tornou-se um dos adeptos dessa culinária. Assim, optou por aprender a usar o *hashi*. Inicialmente, teve dificuldades no uso, porém, após várias tentativas, identificou a melhor forma de manusear esse instrumento e hoje o utiliza com destreza.

4.1.2 Princípio da objetividade e clareza

Estabelece que é preciso compreender *o que, por que* e *como* fazer. Conforme destaca Mailhiot (citado por Franco, 2005, p. 489), "a pesquisa-ação deve partir de uma situação social concreta a modificar e, mais que isso, deve se inspirar constantemente nas transformações e nos elementos novos que surgem durante o processo e sob a influência da pesquisa".

Dessa forma, reiteramos que o processo da pesquisa-ação pode ser representado em uma espiral cíclica. A ação requer reflexão, que, por sua vez, gera uma nova ação, que, consequentemente, requer reflexão, e assim sucessivamente. A Figura 4.1 apresenta as quatro fases básicas deste ciclo.

Figura 4.1 – Fases da pesquisa-ação

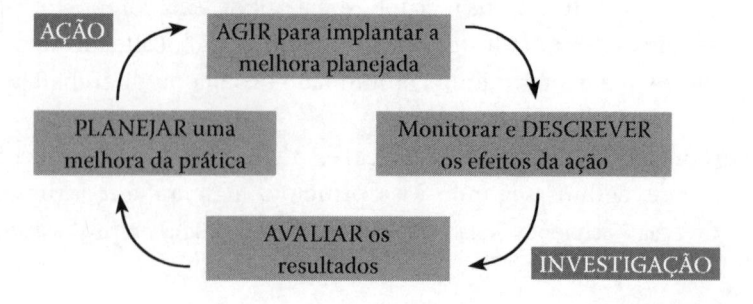

AÇÃO → AGIR para implantar a melhora planejada → Monitorar e DESCREVER os efeitos da ação → AVALIAR os resultados → PLANEJAR uma melhora da prática → INVESTIGAÇÃO

Fonte: Tripp, 2005, p. 446

Dada a complexidade desse processo, é importante que você e todos os envolvidos tenham clareza quanto à situação-problema que deu início ao processo e reflitam sobre como pretendem solucioná-la e desenvolver a ação definida. O ideal é só passar para um novo nível quando os objetivos do nível em curso forem efetivamente atingidos. Portanto, é preciso agir com objetividade e clareza.

Para evitar desvios no percurso, sugerimos a elaboração de um plano de ação, que pode ser elaborado, segundo Thiollent (2009), com base nas seguintes questões:

- Quem são os atores ou as unidades de intervenção?
- Como ocorre a relação entre os atores e as instituições envolvidas?
- Quem toma as decisões?
- Quais são os objetivos da ação proposta?
- Quais critérios serão utilizados para avaliar a ação proposta?
- Como ocorrerá a continuidade da ação em face às dificuldades que possam surgir?
- Como assegurar a participação da população e incorporar as sugestões fornecidas?
- Como controlar o processo e avaliar os resultados?

Fica evidente, assim, que é preciso ter clareza do que estamos fazendo e por qual motivo.

4.1.3 Princípio da dinamicidade

Consiste em um processo de aprimoramento das práticas e envolve a compreensão de que mudanças podem e devem acontecer sempre que necessário, uma vez que o processo é dinâmico.
O modelo de espiral cíclica apresentado no item anterior também pode ser utilizado para representar a retomada do processo de

ações, análises e reflexões, em uma dinâmica sempre evolutiva típica da pesquisa-ação (Franco, 2005).

O vaivém entre as diferentes etapas, resultante principalmente do ato reflexivo, caracteriza a flexibilidade e a dinâmica do processo. As etapas sequenciais, futuramente descritas, são propostas como um roteiro. Porém, não indicam, necessariamente, um caminho de mão única a ser seguido ou uma sequência temporal obrigatória.

Vários estudiosos, entre eles Thiollent (2009), afirmam que, na pesquisa-ação, temos o ponto de partida e o ponto de chegada, e há entre eles uma multiplicidade de caminhos a serem escolhidos de acordo com as circunstâncias. Nesse sentido, complementamos que, dada a dinâmica do processo, nada impede a mudança de caminho, desde que haja planejamento e que as ações sejam definidas com clareza e objetividade.

Outra característica do dinamismo e do caráter cíclico é o fato de haver uma atuação conjunta entre pesquisador e sujeitos durante todo o processo.

Segundo Melo, Maia Filho e Chaves (2016), o termo *dinâmica* encerra a ideia de movimento, ou seja, a concepção de que, nos grupos, ocorrem fenômenos que lhes dão movimento e vida. Nos grupos, ocorrem fenômenos subjetivos e psicológicos que provocam movimento, e apenas o estudo científico pode desvelar esses fenômenos. Nesse contexto, com base nos estudos de Lewin, instaurou-se o entrelaçamento entre pesquisa-ação e dinâmica de grupos, pois, para trabalhar em grupo, é necessário primeiro entender como as pessoas agem em grupo para depois compreender como o grupo funciona.

4.1.4 Princípio da teoria e prática

Determina que a teoria acadêmica e outros conhecimentos teóricos formalizados subsidiam a reflexão e, posteriormente, a implementação e o monitoramento da prática, pois teoria e prática caminham juntas.

Desde seus primórdios, a pesquisa-ação estruturou-se como recurso de transformação social, promovendo a emancipação dos sujeitos e das condições que obstruem o processo emancipatório (Franco, 2005). A praticidade pertinente ao processo não deve negligenciar que a pesquisa-ação, como outras estratégias de pesquisa, também tem como finalidade obter e produzir conhecimento.

As características qualitativas do método não divergem dos fundamentos científicos que embasam outras formas de pesquisa, e a obtenção dos dados em seu ambiente natural faz com que eles tragam consigo muitos significados.

Lewin já pregava que os fenômenos sociais só se revelam aos pesquisadores quando eles estão dispostos a se engajar pessoalmente, observando, diagnosticando e intervindo nos processos de pesquisa (Melo; Maia Filho; Chaves, 2016).

A construção do conhecimento ocorre por meio da inserção do pesquisador no contexto da pesquisa. Nesse processo, é necessário respeito ao saber informal, que é rico em significados e peculiaridades, divergindo, muitas vezes, das ideias previamente concebidas pelo pesquisador.

Conforme Thiollent (2009), por um lado, é preciso evitar o tecnocratismo e o academicismo e, por outro, o populismo ingênuo dos animadores. Levando a sério o saber espontâneo e cotejando-o com as explicações dos pesquisadores, um conhecimento descritivo e crítico é gerado acerca da situação, com todas as sutilezas e nuanças que, em geral, escapam aos procedimentos padronizados.

A pesquisa-ação é, na verdade, uma intervenção social que não se limita apenas em descrever e teorizar sobre um problema social do cotidiano real das pessoas, mas em efetivamente resolvê-lo, na condição de prática-teoria que transforma a realidade e contribui para a superação de uma situação-problema que gera sofrimento nas pessoas. Conforme Melo, Maia Filho e Chaves (2016, p. 159), "sociedade, grupo e sujeito já não se encontram mais em oposição, e teoria e prática não se separam, mas se reconstroem em uma unidade que paradoxalmente não era visível".

O ponto de partida da pesquisa-ação é a realidade específica dos grupos, mas seu conhecimento requer ir além desse espaço, significa conhecer que o contexto histórico, social, econômico e político da sociedade como um todo é essencial à teoria e iluminador da prática (Duque-Arrazola; Thiollent, 2014).

4.1.5 Princípio da publicidade

Estabelece que o conhecimento gerado durante o processo de pesquisa-ação – que compreende, em linhas gerais, investigação, implementação e avaliação – deve ser registrado, incorporado ao conteúdo acadêmico/teorizado e tornado público, isto é, divulgado além do grupo foco da pesquisa, por exemplo, em revistas ou *sites* especializados.

Desde o início do processo, é necessário compartilhar informações e conhecimento. Baldissera (2001) ressalta que a socialização do conhecer e do saber metodológico é absolutamente necessária para que as pessoas participem ativamente. Além disso, é essencial o uso de uma linguagem acessível, que favoreça a obtenção, a interpretação e a análise dos dados, assim como a comunicação dos resultados.

Muitas vezes, o conhecimento obtido na pesquisa-ação limita-se ao âmbito do grupo, da organização ou da instituição de ensino. Outras vezes, erroneamente, não ocorre nem nesse momento, pois alguns estudiosos alegam que o grupo já participou do processo.

Para contribuir efetivamente com a divulgação do conhecimento, é importante torná-lo público, acessível a todos, seja do próprio grupo, seja de outros grupos. Em algumas localidades, ainda hoje, o rádio pode ser um recurso acessível e útil nesse processo. Outra forma importante é a publicação em periódicos acadêmicos. A pesquisa-ação pode contribuir para a formulação e a crítica de teorias, para a criação de novas técnicas de pesquisa e instrumentos de análise e, sobretudo, para a compreensão daquilo que é relevante para a transformação da sociedade (Duque-Arrazola, Thiollent, 2014).

A publicidade também contribui para desencadear novas ações, que podem conduzir a um novo processo de transformação social.

4.1.6 Princípio da ética

Define que nenhum ato ou ação do pesquisado ou do pesquisador pode prejudicar ou gerar danos ao outro, o que pressupõe o respeito mútuo. Uma das características da pesquisa-ação é ser desenvolvida por grupos que atuam conjuntamente. Assim, para que o trabalho em equipe flua, é necessário haver integração de diferentes percepções, experiências e conhecimentos teóricos que cada um carrega consigo. Interesses individuais podem promover a dissociação dos grupos quando estes não compartilham interesses próprios e comuns.

Os saberes científico, técnico e popular, comumente, são vistos como distintos. Em um processo democrático, com vistas à transformação social, eles unificam-se por intermédio do diálogo. Não há apropriação indevida por uma das partes nem a imposição dominadora e autoritária.

Dada a dinâmica da pesquisa-ação, algumas questões ou hipóteses de investigação somente se tornam claras ou definidas ao longo do processo de pesquisa. Deve-se, assim, desde o início, deixar explícito aos sujeitos da pesquisa que eles são livres para interromper a participação caso ocorra algum constrangimento ou alguma mudança de procedimento com a qual não concordam.

A transparência deve se fazer presente em todas as ações, desde as mais simples, como na autorização para um registro fotográfico ou de áudio, até as que norteiam coleta, análise e interpretação dos dados e divulgação dos resultados.

No contexto da pesquisa-ação, não se aceita manipulação por nenhuma das partes, algo que, em organizações, ocorre, muitas vezes, com o intuito de atender aos interesses daqueles que estão em uma posição hierárquica superior e de poder.

4.1.7 Princípio da prática social e política

Determina que as ações implementadas vão além do aspecto técnico em relação ao objetivo e à meta esperada, pois desempenham um importante papel social e político. Elas devem contribuir para o empoderamento dos grupos sociais e das comunidades, os quais passam a ser protagonistas da própria história. Vale lembrar que as mudanças e as transformações na sociedade acontecem por meio das mudanças ocorridas no plano microssocial. Nesse plano, estão incluídos os diferentes segmentos representativos dos atores sociais, como representantes das áreas de saúde, educação, economia, entre outras que poderiam ser elencadas, além daqueles que lutam pelo reconhecimento de direitos sociais e culturais.

> **Exemplo prático**
> Para ilustrar, podemos citar, nas associações e cooperativas, ações desenvolvidas com o objetivo de promover novas formas de articulação entre os integrantes; nas empresas, a implementação de novos processos produtivos ou uso de novas tecnologias; em uma unidade educacional, quando são elaboradas ações que visam mudar comportamentos preestabelecidos.

Um aspecto relevante da pesquisa-ação é a participação conjunta entre pesquisador e participantes. Ambos tornam-se sujeitos do processo, corresponsáveis pela construção do conhecimento e pela solução dos problemas, isto é, engajados na busca pela transformação.

4.1.8 Princípio da não neutralidade

Afirma que todos precisam estar aptos e capacitados a participar, o que significa ter o controle de sua vida e das decisões, estar aberto a novos conhecimentos advindos do desenvolvimento pessoal, da cooperação, do compartilhamento e do trabalho coletivo.

Uma pesquisa só se caracteriza como pesquisa-ação quando há realmente uma ação não trivial por parte das pessoas ou dos grupos implicados no problema sob observação. A estrutura de relação estabelecida entre as partes deve obrigatoriamente ser do tipo participativo.

O modelo de intervenção inclui a subjetividade, a experiência sensorial, a emoção e as questões éticas e morais presentes em cada indivíduo que compõe o grupo. Contudo, o pesquisador precisa estar atento para não agir de forma unilateral, evitando impor suas convicções ou deixar de ouvir o outro.

O envolvimento dos profissionais com o grupo de trabalho pode ocorrer por questões políticas, ideológicas, filosóficas, religiosas ou éticas, e todas são válidas no âmbito pessoal. Entretanto, no âmbito do grupo de trabalho e frente aos resultados que se espera alcançar, vale enfatizar a importância da não neutralidade dos envolvidos perante a realidade e os componentes do grupo de estudo.

Cabe a você, então, refletir sobre esses princípios e internalizá-los para que possa aplicá-los nos projetos que venha a desenvolver.

Síntese

Neste capítulo, apresentamos os oito pilares que sustentam o planejamento e o desenvolvimento da pesquisa-ação, a saber: (1) agir, refletir e agir; (2) ter objetividade e clareza; (3) é um processo dinâmico; (4) teoria e prática não estão dissociadas; (5) compartilhar o conhecimento e dar publicidade a ele; (6) agir com ética; (7) as ações sempre têm um papel social e político; (8) não neutralidade do pesquisador.

Para ajudá-lo no processo de internalização dos princípios apresentados, nos próximo capítulo apresentaremos as habilidades e competências necessárias para atuar com a pesquisa-ação.

Atividades de autoavaliação

1. Analise as afirmações a seguir sobre os princípios da pesquisa-ação e marque V para as verdadeiras e F para as falsas:

    ( ) Agir, refletir e agir com ética, objetividade e clareza.
    ( ) Ter em mente que esse é um processo dinâmico, no qual teoria e prática não estão dissociadas, e reconhecer que o conhecimento adquirido e gerado deve ser compartilhado.
    ( ) As ações sempre têm um papel social e político.

    Agora, assinale a alternativa que contém a sequência correta :

    a) V, V, F.
    b) F, F, F.
    c) F, F, V.
    d) V, F, V.
    e) V, V, V.

2. Considerando a breve explanação sobre o episódio relatado no filme *Sérgio*, indique os princípios da pesquisa-ação que poderiam ser associados ao fato citado:

    a) Ato reflexivo e dinamicidade.
    b) Ato reflexivo e agir com objetividade e clareza.
    c) Publicidade e ética.
    d) Prática social e política.
    e) Não neutralidade e ato reflexivo.

3. Suponha que você foi convidado a participar de uma roda de conversa sobre os princípios que norteiam a pesquisa-ação. Essa roda de conversa é um estudo preliminar para a elaboração e o desenvolvimento de um projeto com crianças que sofreram

abuso sexual. Indique o princípio da pesquisa-ação que pode ser associado à situação explicitada:

a) Princípio da teoria-prática.
b) Princípio da ética.
c) Princípio da ação-reflexão-ação.
d) Princípio da prática social e política.
e) Princípio da publicidade.

4. Ao trabalhar com um grupo de adolescentes, você observa que uma das meninas que costuma ser muito alegre, participativa e falante está calada. Esse comportamento se repete ao longo dos próximos encontros. Questionada sobre o motivo, a menina diz que está cansada porque tem ido dormir muito tarde. No dia seguinte, a garota lhe procura e relata que necessita compartilhar algo com você. A garota relata que está apreensiva porque um familiar vem abusando sexualmente dela e diz que resolveu falar porque tomou ciência do ocorrido por meio das explanações feitas pelas colegas durante as conversas sobre sexualidade na adolescência que você vem conduzindo. Nesse momento, a garota relata também que compartilhou o ocorrido com algumas amigas, as quais a incentivaram a contar para você. Indique o princípio da pesquisa-ação que pode ser associado à situação explicitada:

a) Princípio da teoria-prática.
b) Princípio da ética.
c) Princípio da ação-reflexão-ação.
d) Princípio da prática social e política.
e) Princípio da publicidade.

5. Ao tomar ciência da situação explicitada no item anterior e refletir sobre a situação exposta, em conjunto com os outros participantes das atividades e com o consentimento da menor, você opta por tomar algumas atitudes, como compartilhar o ocorrido com os familiares dela; orientar seus responsáveis a comunicar o ocorrido aos órgãos que podem dar assistência legal

no âmbito educacional, médico, psicológico, jurídico e social; acompanhar o desenrolar das ações citadas no item anterior; trabalhar com a menor e os demais integrantes do grupo (adolescentes) sobre o ocorrido, por exemplo, como evitar situações similares. Indique o princípio da pesquisa-ação que pode ser associado à situação explicitada:

a) Princípio da teoria-prática.
b) Princípio da ação-reflexão-ação.
c) Princípio da não neutralidade.
d) Princípio da ética.
e) Princípio da objetividade e clareza.

Atividades de aprendizagem

Questões para reflexão

1. Considerando a breve explanação sobre o episódio relatado no filme *Sérgio*, que princípio ou quais princípios você associaria a esse episódio?

2. Em relação a estar apto e capacitado a participar do processo (princípio VIII), como você se capacitaria para atuar em situações como as descritas nas Atividades de autoavaliação 3, 4 e 5?

Atividade aplicada: prática

1. Elabore um plano de trabalho com crianças em situação de vulnerabilidade social. Que princípios da pesquisa-ação você julga essenciais nesse tipo de trabalho?

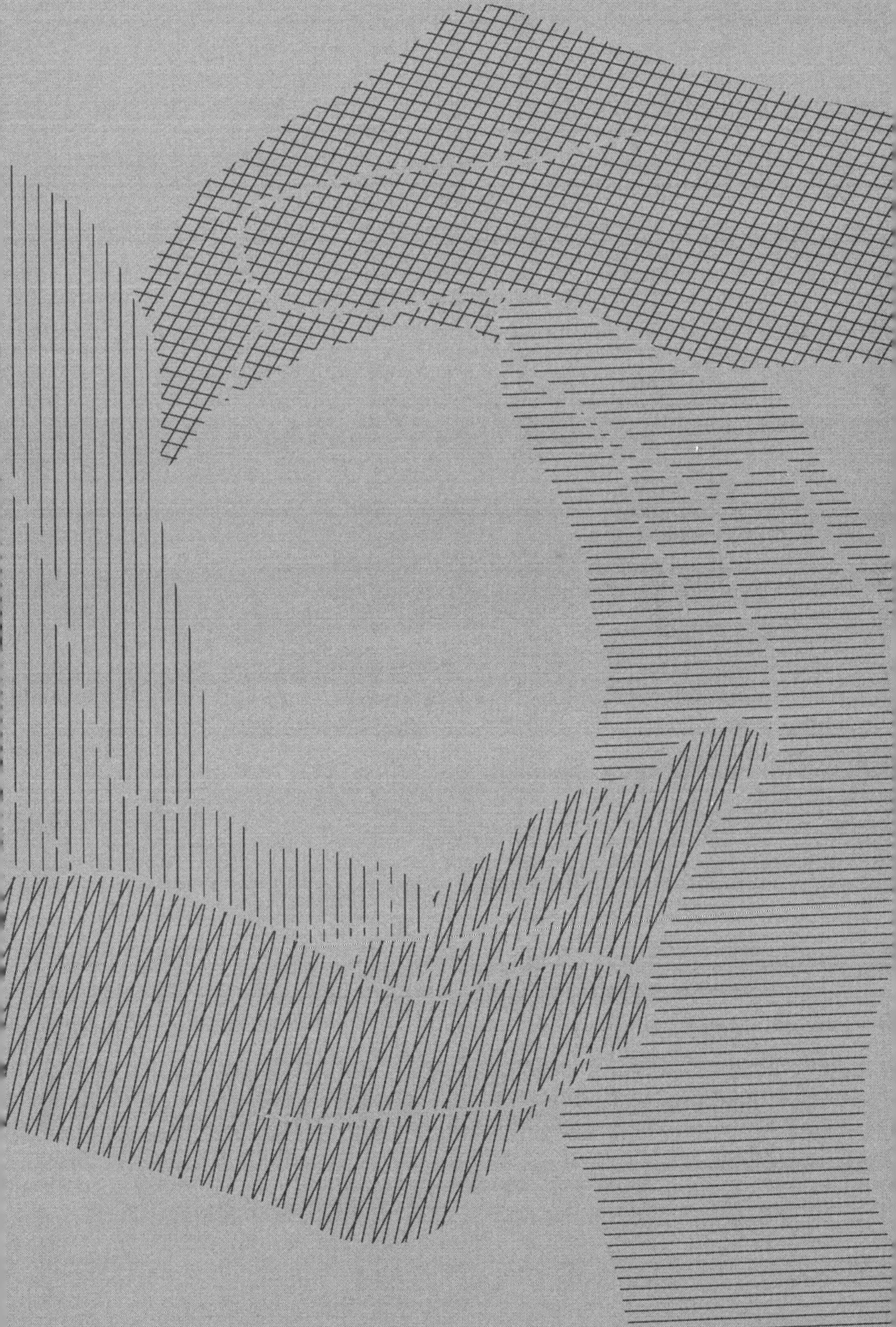

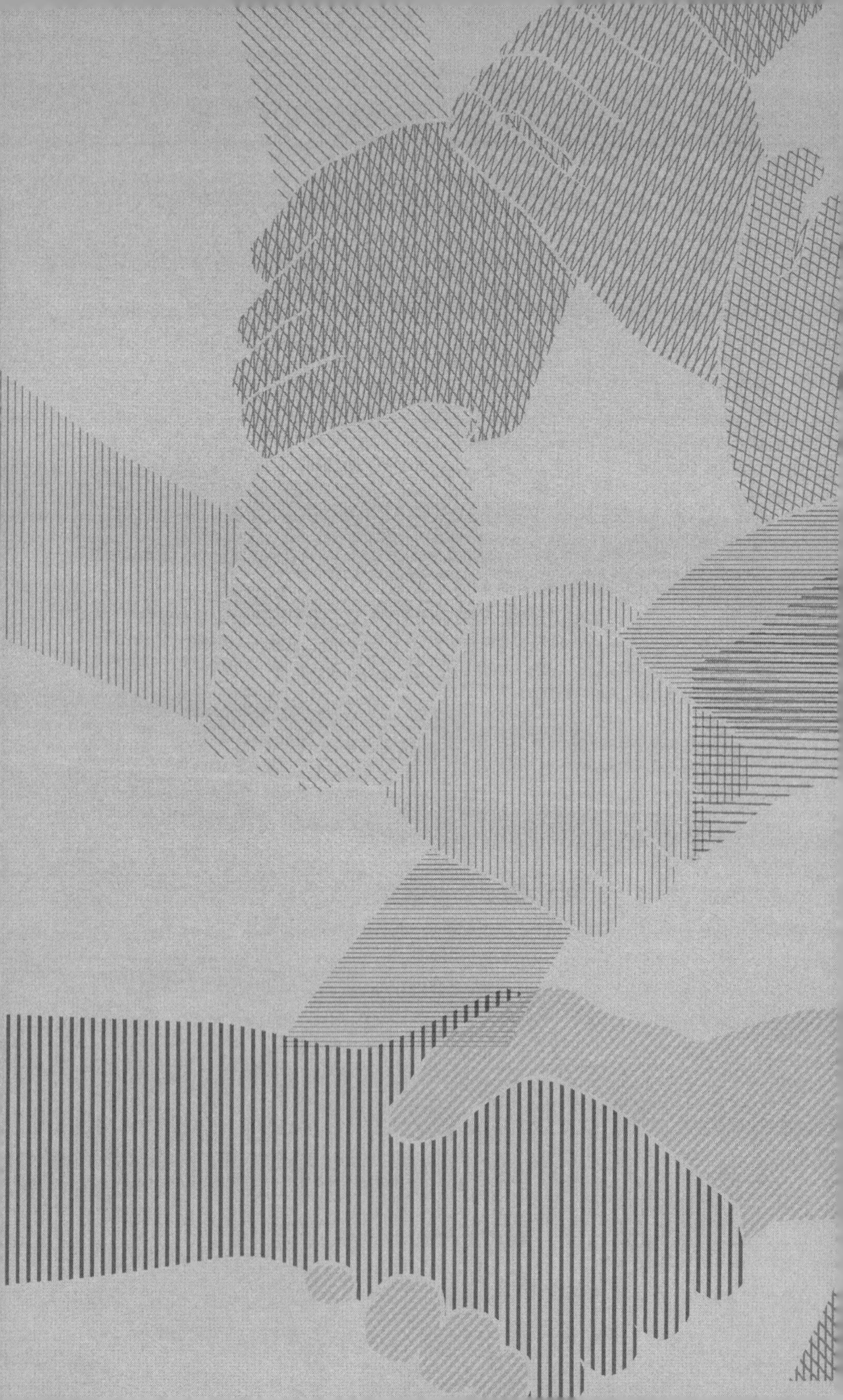

CAPÍTULO 5

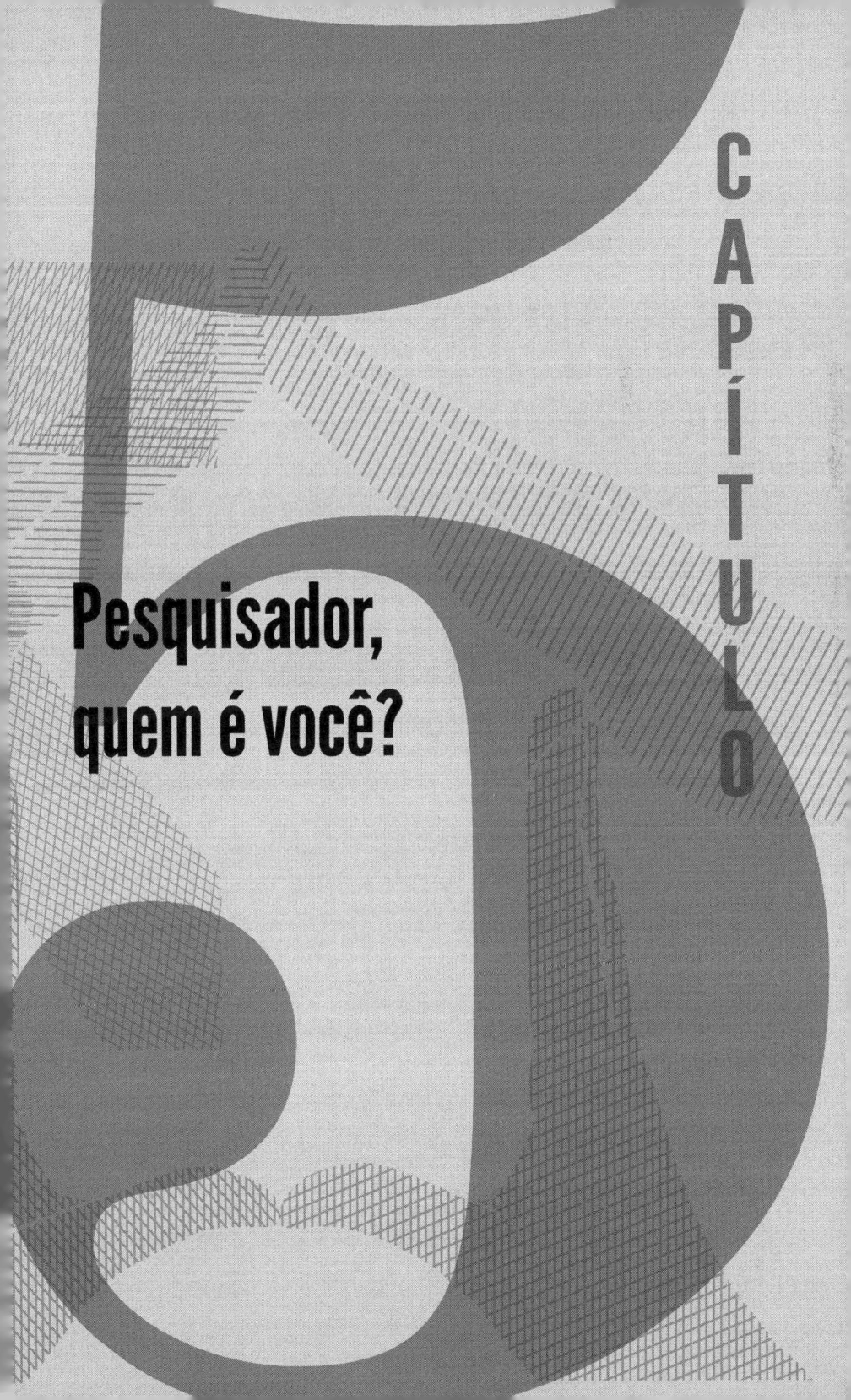

Pesquisador, quem é você?

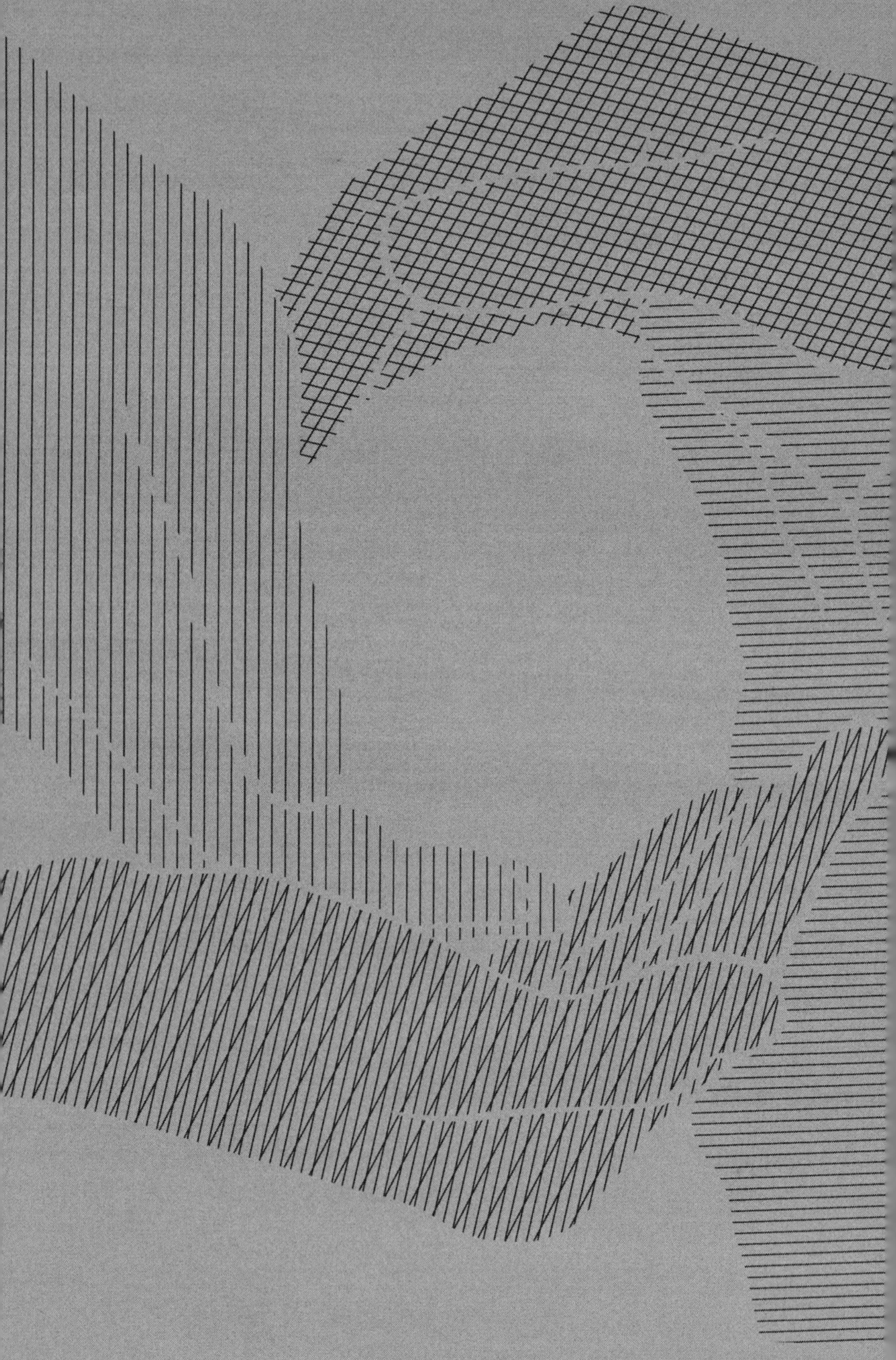

Neste capítulo, apresentaremos, de acordo como os princípios da pesquisa-ação, quais são as competências e as habilidades necessárias para atuar como pesquisador em um processo de pesquisa-ação. Este capítulo tem como finalidade recapitular o conceito de competência e de habilidade e, na sequência, apresentar algumas competências e habilidades necessárias para atuar como pesquisador em um processo de pesquisa-ação.

5.1 Competência e habilidade

Ao conhecer a biografia de Lewin, Dewey, Lippitt, Collier, Paulo Freire e Bosco Pinto, você deve ter construído o perfil de um pesquisador, com as respectivas competências e habilidades que necessita para trabalhar com a pesquisa-ação. Vamos conferir se estamos sintonizados nessa concepção? Afinal, como deve ser o pesquisador?

Competência é um constructo teórico que se supõe como uma construção pessoal, singular, única e específica a cada ser. Dias (2010) ressalta que:

- a competência exige apropriação sólida e ampla de saberes, de modo a permitir ao sujeito que os convoque para situações nas quais é preciso tomar decisões e resolver problemas;
- à compreensão e à avaliação de uma situação, associa-se uma mobilização de saberes, de modo a agir/reagir adequadamente;
- a tomada de decisão (expressar conflitos e oposições), a mobilização de recursos (afetivos e cognitivos) e o saber agir (saber dizer, saber fazer, saber explicar, saber compreender) são as características principais da competência;
- essas características permitem entender esse conceito como uma forma de controlar simbolicamente as situações da vida.

Habilidade é uma série de procedimentos mentais que o ser humano aciona para enfrentar uma situação real, como tomar uma decisão em relação à escolha profissional; executar uma atividade doméstica simples, cozinhar e limpar o chão, por exemplo;

optar por um sistema de ensino; escolher determinado candidato no processo eleitoral; dirigir um carro; tocar uma música no piano ou no violão; defender um posicionamento político; escrever o nome em uma folha de papel; entre outras.

5.2 Competências e habilidades do pesquisador

Uma característica marcante do pesquisador na pesquisa-ação é ser um integrante da pesquisa, portanto, ele deve agir em conjunto com o grupo foco dela (Barbier, 2007). Usando um conceito da administração, dizemos que é um processo de gestão participativa, que se caracteriza por dinamicidade, interatividade e capacidade de mobilizar esforços individuais com a finalidade de superar o estado de acomodação, alienação, exclusão e marginalização, de modo a promover comportamentos coletivos e o espírito de trabalho conjunto.

Participar não é simplesmente verbalizar conhecimentos, ideias e opiniões ou ter a oportunidade de descrever fatos. Mais do que isso, é contribuir para a interação e posterior sistematização e entendimento de ideias, fatos ou conhecimentos gerados, reordenados e compartilhados; é tomar parte das conclusões e decisões a serem definidas e efetivadas. Portanto, é preciso ter habilidade de ouvir, dialogar (explanar ideias e posicionamentos, argumentar, concordar e discordar), respeitar o posicionamento alheio, ser flexível e ter coerência.

A pesquisa-ação tem como finalidade contribuir para a transformação ou a readequação de uma prática social ou para a inserção de uma nova prática social (Tanajura; Bezerra, 2015).

Um diferencial nesse processo de pesquisa é a proatividade de todos os envolvidos. Nessa engrenagem, o pesquisador desempenha o papel de peça-chave, aquela que é responsável por promover a articulação entre todos os elos e faz a congruência da teoria-prática com a pesquisa-ação, proporcionando a todos o bem-estar e a gratificação por serem essenciais no processo.

O pesquisador deve conceber e desenvolver cada pesquisa como única, peculiar e ímpar. Casos similares podem ser utilizados como referencial teórico, mas nunca como replicação de resultados ou como uma lei.

Outro papel do pesquisador é contribuir para que a experiência vivenciada ultrapasse as fronteiras físicas do espaço e do ambiente onde foi desenvolvida, de modo a disseminar a prática, o conhecimento e as informações, tornando-os públicos.

A cada desafio, é preciso adequar-se, familiarizar-se com o grupo (pesquisadores e pesquisados), conhecer sua cultura e identificar seus códigos corporais e linguísticos, suas expectativas e frustrações.

É necessário agir com autocrítica e criatividade, considerando o processo cíclico de aprender a aprender, motivo pelo qual é preciso estar em um constante processo de aprendizagem. Também é imprescindível agir com humildade e reconhecer que sempre há o que aprender, pois ninguém é detentor de todo o conhecimento, e o pesquisador é um facilitador do processo. Lembre-se de que confiança e comprometimento mútuo são essenciais e de que a engrenagem só funciona harmonicamente se todas as peças estiverem em sintonia. Em uma orquestra ou conjunto musical, cada instrumento produz um som diferente. Todos eles, em conjunto, produzem uma melodia que é agradável a nosso ouvido. Esse fundamento deve ser transportado para o grupo de trabalho, pois, para haver harmonia, todos precisam estar em sintonia, e cada um tem um papel fundamental.

Ao mesmo tempo que a diversidade de opiniões e a maneira de agir e pensar compõem o que há de mais belo nos meios cultural e social, muitas vezes, contribui para situações de intransigência ou mesmo de não aceitação quando se trabalha com um grupo multidisciplinar no âmbito dos pesquisadores.

O grupo multidisciplinar de pesquisadores, obrigatório na pesquisa-ação, às vezes, esquece-se de que deve haver equidade entre as áreas envolvidas ou ignora isso momentaneamente.

Por outro lado, não é raro, que, em momentos específicos, uma área se sobressaísse às demais em razão das prioridades ou etapas do projeto (pelo menos nos projetos dos quais participei na área educacional ou empresarial). No entanto, em alguns momentos, isso pode gerar estresse ou um leve ciúme.

Em algumas ocasiões, raras, é possível certa resistência ou até mesmo intransigência à interdisciplinaridade e ao agir de forma conjunta, mas cada área deve contribuir com seu saber e respeitar o momento de outra área agir.

Fatores como estresse, ciúmes, resistência, intransigências, entre outros, devem ser vistos como ocasiões estimuladoras da reflexão e da autocrítica.

Posteriormente, em um processo avaliativo em conjunto com outros estudiosos, foi possível registrar que a intransigência era resultado, principalmente, de falhas na concepção do projeto, como não compor o grupo que idealizou o projeto; haver um projeto similar sendo desenvolvido de maneira individual; não participação prévia em projetos interdisciplinares; ser indicado ou convocado a participar do projeto, algo muito comum no âmbito organizacional. Esses pontos precisam ser observados no momento de formação da equipe de trabalho.

A participação do pesquisador nem sempre ocorre natural e espontaneamente, o que pode surtir efeitos que não condizem com aqueles inicialmente predefinidos ou esperados. Tripp (2005) menciona quatro maneiras pelas quais as pessoas podem se engajar em um projeto de pesquisa-ação:

1. **Obrigação** – quando um participante não tem opção quanto ao assunto, em geral, por haver algum tipo de coação ou diretriz de um superior;
2. **Cooptação** – quando um pesquisador persuade alguém a ajudá-lo em sua pesquisa e a pessoa cooptada de fato concorda em prestar esse serviço;

3. **Cooperação** – quando um pesquisador consegue que alguém concorde em participar de seu projeto. A pessoa que coopera trabalha como parceiro sob muitos aspectos, uma vez que é regularmente consultada, mas o projeto sempre pertencerá ao pesquisador. A maioria das pesquisas para dissertação é desse tipo;
4. **Colaboração** – quando as pessoas trabalham juntas como co-pesquisadores em um projeto no qual têm igual participação.

Por questões éticas, independentemente da forma como integrou-se à equipe de trabalho, para a concepção e a execução do projeto, o pesquisador dever ter em mente e agir de acordo com alguns aspectos, os quais podem contribuir, também, para que a pesquisa se expanda, como uma teia, a todos os envolvidos. Esses aspectos são, de acordo com Tripp (2005):

- tratar de tópicos que atendam aos anseios das duas equipes – pesquisados e pesquisadores;
- ter como base um compromisso compartilhado da realização da pesquisa;
- permitir que todos os envolvidos participem ativamente do modo que desejarem;
- partilhar o controle sobre os processos de pesquisa, priorizando a equidade entre eles;
- gerar uma relação de custo-benefício igualmente benéfica para todos os participantes;
- estabelecer procedimentos de inclusão para a decisão sobre questões de justiça entre os participantes.

O pesquisador tem um papel fundamental nesse processo metodológico, que, por sua vez, está intimamente relacionado aos pilares que sustentam epistemologicamente o projeto desde sua concepção até a fase de monitoramento e avaliação.

Algumas competências e habilidades podem ser natas, ao passo que outras podem ser desenvolvidas pelo pesquisador ao longo de sua vida.

Para saber mais

LIMA, M. A. C.; MARTINS, P. L. O. Pesquisa-ação: possibilidade para a prática problematizadora com o ensino. **Revista Diálogo Educacional**, v. 6, n. 19, p. 51-63, set./dez. 2006. Disponível em: <https://www.redalyc.org/pdf/1891/189116275005.pdf>. Acesso em: 22 jan. 2021.

ZWICK, E.; BERTOLIN, R. V.; BRITO, M. J. de. Pesquisa-ação e aprendizagem organizacional socioprática: uma aproximação. **Revista de Administração da Universidade Federal de Santa Maria**, v. 11, n. 5, 2018. Disponível em: <http://www.redalyc.org/articulo.oa?id=273458852003>. Acesso em: 22 jan. 2021.

Sugerimos dois artigos, o primeiro na área educacional e o segundo na área empresarial, que ilustram o papel do pesquisador e podem ser balizadores para ações futuras.

Síntese

Neste capítulo, vimos que o pesquisador tem um papel fundamental no processo metodológico, que, por sua vez, está intimamente relacionado aos pilares que sustentam epistemologicamente o projeto desde sua concepção até a fase de monitoramento e avaliação.

Entendemos que algumas competências e habilidades podem ser natas, ao passo que outras podem ser adquiridas ao longo da vida. O importante é estar apto a dialogar, ser flexível e coerente, participativo e colaborativo, proativo e criativo, respeitar o conhecimento do outro e estar aberto a novos aprendizados.

No próximo e último capítulo, para encerrar nosso estudo, trataremos das modalidades e da metodologia da pesquisa-ação.

Atividades de autoavaliação

1. Analise as afirmações a seguir sobre o significado do termo *competência* no contexto da pesquisa-ação e marque V para as verdadeiras e F para as falsas:

    ( ) Conceito teórico referente à formação individual e específica de cada pessoa.
    ( ) Conjunto de conhecimentos que necessitamos obter para tomar decisões e agir.
    ( ) Características que nos permitem controlar as diferentes situações que vivenciaremos.
    ( ) Sinônimo de *habilidade*.
    ( ) Procedimentos mentais que o ser humano aciona para realizar as atividades do dia a dia.

    Agora, assinale a alternativa que contém a sequência correta:

    a) V, F, V, V, F.
    b) V, V, V, F, F.
    c) F, F, V, V, V.
    d) V, F, F, V, V.
    e) F, F, F, V, V.

2. Sobre as habilidades necessárias para participar efetivamente de um processo de construção de novas práticas sociais, analise as afirmações a seguir e marque V para as verdadeiras e F para as falsas:

    ( ) Ouvir e dialogar.
    ( ) Respeitar o posicionamento alheio.
    ( ) Adaptar-se às mudanças e estar aberto a novas ideias, isto é, ser flexível.
    ( ) Agir conforme seus princípios e convicções e ser coerente.

Agora, assinale a alternativa que contém a sequência correta:

a) V, F, V, V.
b) V, V, V, F.
c) V, V, V, V.
d) V, F, F, V.
e) F, F, F, V.

3. Analise as afirmações a seguir sobre as vantagens da pesquisa-ação e marque V para as verdadeiras e F para as falsas:

( ) O pesquisador precisa conhecer e familiarizar-se com o contexto no qual vai trabalhar ou esteja trabalhando.
( ) Usando o princípio da publicidade, o pesquisador pode replicar as ações realizadas em outro contexto.
( ) A autocrítica não é importante no uso desse recurso metodológico.
( ) Por se tratar de um recurso baseado na repetição de ações, não é necessário ter criatividade.

Agora, assinale a alternativa que contém a sequência correta:

a) V, V, V, V.
b) F, F, F, F.
c) V, V, F, F.
d) V, F, F, F.
e) F, F, F, V.

4. Sobre o que o pesquisador deve ter em mente ao utilizar o recurso metodológico da pesquisa-ação, analise as afirmações a seguir e marque V para as verdadeiras e F para as falsas:

( ) Está ali para aprender a aprender.
( ) Deve agir, refletir e agir.
( ) É um facilitador do processo.
( ) A humildade, nesse caso, significa que ninguém é detentor de todo o conhecimento.

Agora, assinale a alternativa que contém a sequência correta:

a) V, V, V, V.
b) V, V, V, F.
c) V, V, F, F.
d) F, F, F, F.
e) F, F, F, V.

5. Há diferentes formas de se integrar uma equipe de trabalho: por obrigação, cooptação, cooperação ou colaboração. Independentemente da forma, é importante que o pesquisador:

I) Faça com que suas ideias e objetivos se sobreponham aos interesses da equipe de pesquisados.
II) Favoreça a participação de todos os envolvidos no processo.
III) Estabeleça procedimentos de inclusão no momento que seja necessário tomar decisões voltadas à justiça entre os participantes.
IV) Reconheça que a relação custo-benefício deve favorecer, preferencialmente, a equipe de pesquisadores.

Está correto o que se afirma em:

a) I, II, III e IV.
b) I, II e III.
c) II e III.
d) III apenas.
e) IV apenas.

Atividades de aprendizagem

Questões para reflexão

Considere a seguinte situação hipotética para responder às questões 1 e 2:

Você teve a iniciativa de propor um projeto para uma escola localizada em uma comunidade nas redondezas de sua

> residência. Esse projeto tem como finalidade atender, no contraturno escolar, crianças que tenham interesse em desenvolver habilidades manuais, visando aprimorar seu desenvolvimento motor. Sua ideia era trabalhar com sucata, material de baixo custo e disponível na comunidade, para construir brinquedos e atender às necessidades das crianças locais. Outros profissionais da escola e da comunidade aderiram ao projeto e trouxeram novas ideias.

1. O trabalho em equipe com crianças visando contribuir para o desenvolvimento motor requer dos integrantes competências e habilidades específicas. Cite pelo menos três competências e habilidades que você identifica como prioritárias para esse tipo de projeto.

2. Após um período de atividades, você começa a sentir-se incomodado porque não é mais o dono do projeto. Em termos de competências e habilidades necessárias ao pesquisador durante todo o processo da pesquisa-ação (planejamento, implementação, monitoramento e avaliação), quais falhas podem ter contribuído para seu sentimento atual?

Atividade aplicada: prática

1. Provavelmente, você já vivenciou ou compartilhou experiências vivenciadas por outros profissionais, nas quais tenham desenvolvido atividades com grupos considerados minoritários ou excluídos. Escolha um desses grupos – afrodescendentes, quilombolas, mulheres etc. – e proponha uma ação que possa contribuir para a melhoria de suas condições de vida. Em seguida, identifique as habilidades e competências necessárias aos integrantes de sua equipe de trabalho.

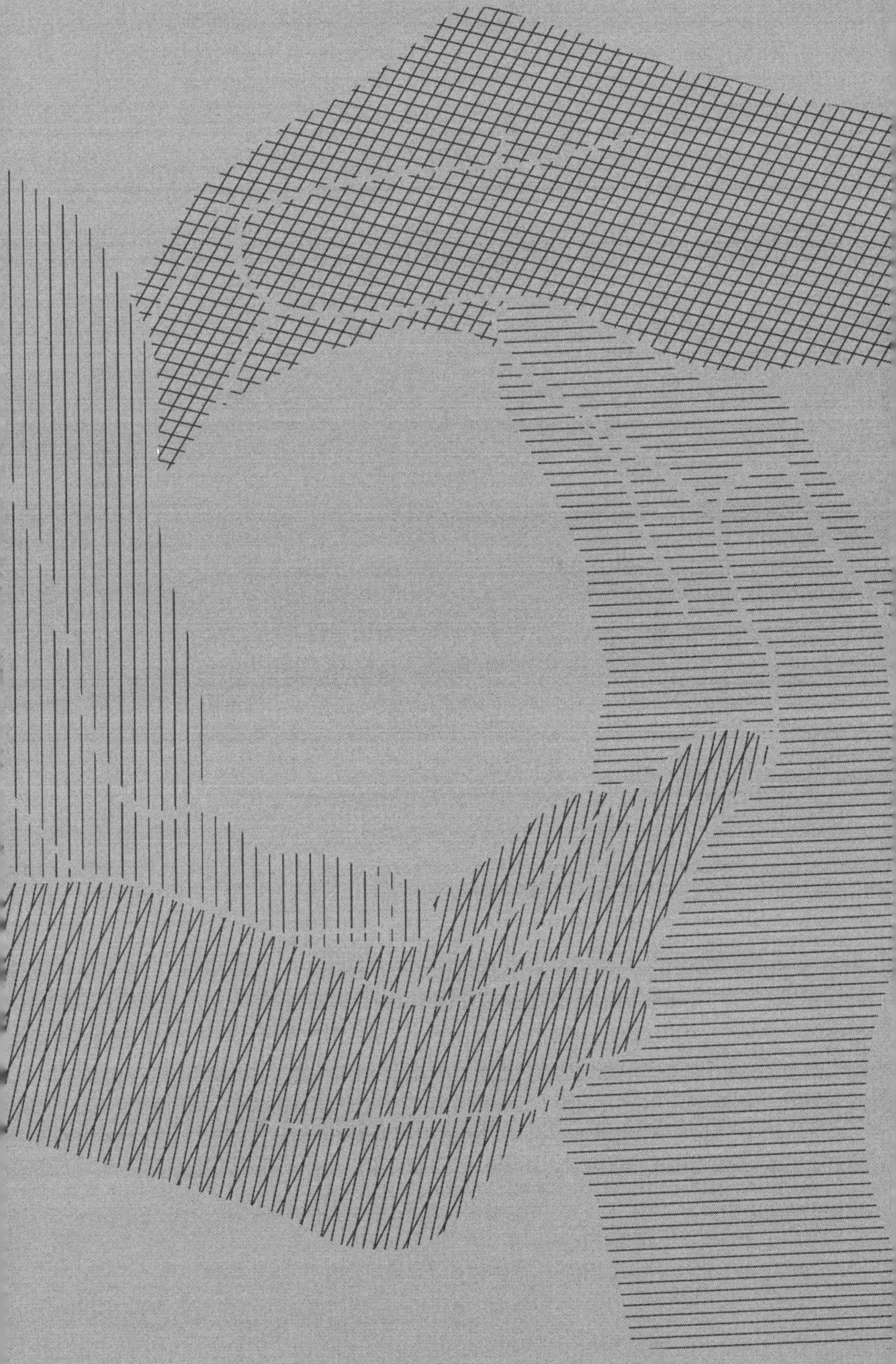

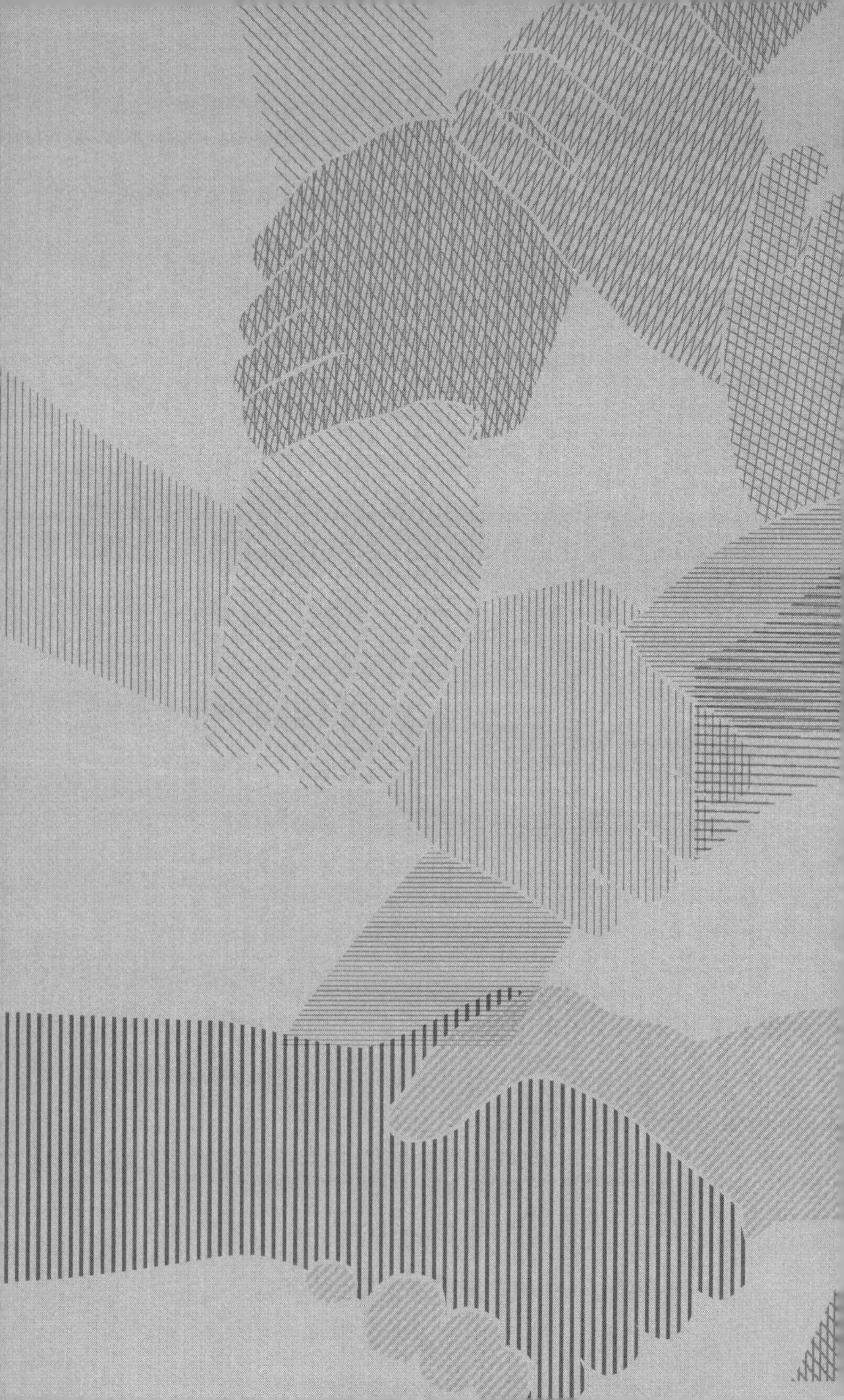

CAPÍTULO 6

Modalidades e metodologia da pesquisa-ação

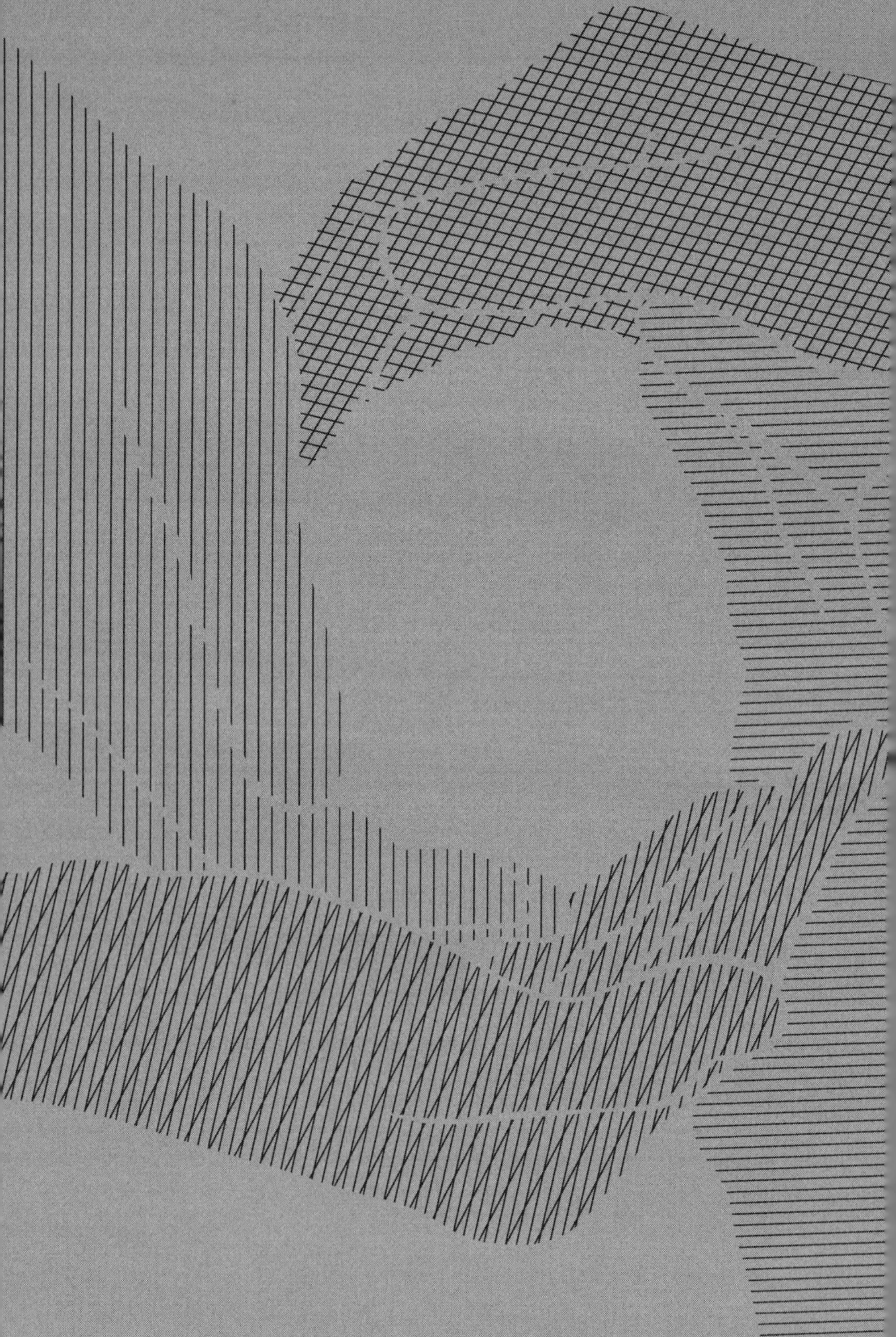

Neste capítulo, conheceremos as modalidades de pesquisa-ação propostas por Tripp (2005) e Franco (2005) e as diferenciaremos Vamos estudar, analisar e propor um projeto de pesquisa-ação e optar por aquela que seja mais adequada. Também conferiremos os diferentes momentos que compõem o processo de pesquisa-ação, colocando em prática sua sequência metodológica e visualizando sua construção e aplicação de maneira integrada.

6.1 Modalidades da pesquisa-ação

Na literatura, especialmente nos trabalhos baseados em ações voltadas à intervenção social, particularmente na década de 1960 na América Latina, encontramos diversas formas de nomear o procedimento metodológico que fundamentava essas ações.

Na década de 1970, como resultado das implicações políticas que um procedimento metodológico pode trazer consigo, especificamente em relação ao procedimento que estamos trabalhando, surgiram outras denominações, como *pesquisa-ação*, *pesquisa-participativa* e *pesquisa-ação-participativa* (Ander-Egg, 1990). Nesse período, em paralelo, ampliou-se o interesse pela educação popular e pela maneira como a pesquisa tradicional era conduzida nas ciências sociais.

A expressão *pesquisa-ação* tem sido utilizada desde sua origem para trabalhos desenvolvidos por pesquisadores dos setores público e privado e seus respectivos parceiros em diferentes áreas, como administração, educação, planejamento urbano, saúde e engenharias com fins organizacionais, sociais e políticos.

Em comum, todos os trabalhos apresentam como base a espiral cíclica e ascendente (avaliar, planejar, agir e refletir) proposta por Kurt Lewin e uma forte conexão entre a pesquisa e a ação voltada para comunidades ou grupos organizacionais.

Especialmente na América Latina, os trabalhos desenvolvidos atualmente não se caracterizam mais por atender exclusivamente interesses de grupos esquerdistas ou populares, como acontecia na década de 1970, quando essa forma de pesquisa passou a ser utilizada.

Diferentes denominações são empregadas na execução dessas pesquisas, como *pesquisa participativa, investigação colaborativa* e *pesquisa emancipatória*. No entanto, muitos autores ainda persistem em utilizar as expressões *pesquisa-ação* e *pesquisa participante* como sinônimos.

Segundo Thiollent (2009, p. 15), "toda pesquisa-ação é do tipo participativo: a participação das pessoas implicadas nos problemas investigados é absolutamente necessária. No entanto, tudo o que é chamado de pesquisa participante não é pesquisa-ação".

Complementando, Huang (2010) afirma que a pesquisa-ação representa uma orientação transformadora para a geração de conhecimento oriundo dessa ação.

O consenso em relação à pesquisa-ação é que seu ponto de partida é o agir coletivo em prol de uma ação concreta que gere resultados positivos para os atores sociais envolvidos, ou seja, tanto para os pesquisados quanto para os pesquisadores. A característica marcante desse procedimento metodológico é a participação dos atores sociais (investigados/pesquisados) como protagonistas no processo de pesquisa e na resolução de seus problemas sociais, daí a origem do termo *pesquisa-ação*. Nessa concepção, a pesquisa-ação difunde-se por diferentes meios e em diversos continentes.

Ander-Egg (1990) explica e contextualiza brevemente os termos que compõem a tríade pesquisa-ação-investigação:

- **Pesquisa ou investigação** – é um procedimento reflexivo, sistemático, controlado e crítico cuja finalidade é estudar algum aspecto da realidade com o objetivo de ação prática;
- **Ação** – significa que a forma de realizar o estudo é um modo de intervenção e que o propósito da pesquisa está orientado para a ação, sendo esta, por sua vez, fonte de conhecimento;

- **Participação** – é uma atividade em cujo processo estão envolvidos os pesquisadores como os destinatários do projeto, que não são considerados objetos de pesquisa, mas sujeitos ativos que contribuem para conhecer e transformar a realidade na qual estão inseridos.

Com base nessa explanação e relembrando os princípios da pesquisa-ação, é possível afirmar que a investigação-ação-participativa abrange simultaneamente o processo de conhecer e intervir e a participação ativa da população foco do trabalho em todas as etapas do processo.

Conforme Baldissera (2001), o modo de fazer o estudo, buscando o conhecimento da realidade, já é uma ação de organização, mobilização, sensibilização e conscientização. A participação implica intercâmbio e socialização de experiências e conhecimentos teóricos e metodológicos, e o resultado é a democratização do saber/conhecer.

A finalidade do projeto de pesquisa define o tipo de pesquisa-ação a ser realizada. Para essa definição, inicialmente, é necessário, segundo Tripp (2005), responder às seguintes questões:

- O projeto proposto visa melhorar a eficiência e a eficácia de práticas já estabelecidas ou à introdução de novas práticas?
- O projeto proposto tem como objetivo introduzir uma nova prática? Essa prática já foi utilizada em situações similares e será ajustada/adaptada a essa situação ou ela é radicalmente inovadora?
- O projeto proposto pretende adequar-se à cultura institucional existente e a suas limitações ou gerar mudanças nessa cultura?

Com base nas respostas obtidas, é possível, de acordo com Tripp (2005), identificar o tipo de pesquisa que será desenvolvida. Se considerarmos as duas questões iniciais, teremos a pesquisa-ação técnica e a pesquisa-ação prática.

Na **pesquisa-ação técnica**, o pesquisador reproduz a pesquisa-ação realizada em outro ambiente. Muitas vezes, essa pesquisa é utilizada no meio organizacional ou educacional e segue um modelo.

Exemplo prático

Para ilustrar, Tripp (2005) cita o Programa de Leitura (Reading Recovery) utilizado na Austrália. É uma ação de intervenção de curto prazo voltada para crianças que apresentam dificuldade na leitura e na escrita. Os professores recebem um material com instruções de como atuar, e as empregam em seu contexto escolar.

No Brasil, projetos desenvolvidos principalmente por organizações não governamentais têm como finalidade fornecer água potável para comunidades rurais e urbanas, pois se considera que a falta de água potável é causa de atendimentos médicos decorrentes de verminoses, infecções gastrointestinais e anemias que atingem as crianças. Como forma de implementar a ação proposta, utiliza-se a distribuição de *kits* de purificação da água e instruções de como usá-los. Além disso, são reproduzidas ações realizadas em outras localidades e por outros grupos.

Na **pesquisa-ação prática**, o pesquisador define as mudanças a serem propostas com base em sua experiência profissional e no que acredita ser o melhor para o grupo. Em um segundo momento, os demais participantes explicitam e estabelecem seus critérios, como a qualidade e a eficácia da ação proposta.

Exemplo prático

Em muitas localidades, os índices de desenvolvimento da educação básica encontram-se bem abaixo do esperado. Muitas universidades, públicas e privadas, têm promovido a parceria com escolas. Por meio dessa parceria, estudantes universitários de diferentes áreas avaliam a especificidade de cada realidade e propõem ações voltadas efetivamente para o desenvolvimento individual e integral de cada criança. Consequentemente, registra-se melhoria no processo de ensino-aprendizagem.

Em relação à terceira questão, que envolve a cultura organizacional, temos a pesquisa-ação política, a pesquisa-ação socialmente crítica e a pesquisa-ação emancipatória.

Na **pesquisa-ação política**, é necessário perspicácia para alterar o que é preciso, muitas vezes, encontrando objeção, diferentes barreiras comportamentais e, também, restrições em termos de recursos humanos e materiais. É necessário ter diferentes poderes para agir contra ou a favor, por isso, enfatizamos que é uma ação política.

Para exemplificar as diferentes formas de poder, podemos citar os poderes de fazer as pessoas trabalharem juntas, de fazer coisas quando os outros não estão olhando e de superar objeções dos outros. No contexto educacional, é comum a objeção a novas propostas na forma de exercer as atividades educativas. A objeção pode vir tanto do próprio educador e/ou de seus superiores quanto dos educandos e/ou de seus familiares. Assim, é preciso agir politicamente para criar formas de vencer as barreiras.

Exemplo prático

"[...] uma aluna minha queria desenvolver uma prática de alfabetização na perspectiva teórica da 'linguagem real/linguagem total' e, para fazê-lo, percebeu que precisaria ter mais e melhor ajuda de mais pais do que os poucos que estavam vindo ouvir as crianças lerem. Quando essa aluna levou a ideia a seu diretor, este disse que ela não poderia fazê-lo porque 'os pais sequer vão entender do que se trata, não quererão participar nem vão querer isso para seus filhos'. Ela pensava diferente e sua estratégia foi trabalhar de início com uns poucos pais. Com alguma surpresa, viu que eles a apoiaram com entusiasmo desde o começo e quando, mais tarde, utilizou uma reunião de pais para expor a abordagem que desenvolvia, descobriu que a maioria deles também apoiava a ideia. Nesse caso, a percepção inicial de que os pais seriam necessariamente uma limitação para sua ação estava de fato completamente errada e, com o vigoroso apoio dos pais, o diretor passou a encorajá-la a tentar sua abordagem" (Tripp, citado por Tripp, 2005, p. 458).

A **pesquisa-ação socialmente crítica** envolve mudanças no contexto social para conter as injustiças existentes em relação a um grupo específico. Tem como objetivo tornar o mundo melhor para todos, utilizando como premissa os princípios dos sistemas democráticos, por exemplo.

É uma modalidade de pesquisa-ação política, pois passa a existir quando se acredita que o modo de ver e agir dominante do sistema, dado como certo em termos de igualdade, oportunidades, tolerância, compreensão, cooperação, valorização das pessoas, entre outros aspectos, não é realmente justo e precisa ser mudado.

Por exemplo, a pandemia de covid-19 que assola o mundo poderia estar sendo um momento ímpar na história da construção de uma realidade mundial voltada ao bem-estar de todos. Mas, contrariamente, observamos o acirramento de desigualdades e disputas políticas e econômicas.

No Brasil, em muitas localidades, o não atendimento ao direito universal de acesso inclusivo à saúde pública e de qualidade, além de desvios de recursos financeiros e materiais que deveriam estar sendo utilizados na contenção, na prevenção da disseminação do vírus e no atendimento aos brasileiros infectados. A contestação às práticas citadas é uma crítica às injustiças sociais estabelecidas e requer ações que contribuam para a transformação dessa realidade.

A **pesquisa-ação emancipatória** abrange tanto a pesquisa-ação política quanto a socialmente crítica por visar mudanças ou sanar situações-problema que ultrapassam os limites de dado grupo social. Busca atender aos anseios sociais em geral, como o direito de todas as mulheres votarem e o direito de todas as crianças serem letradas. Envolve mudanças significativas no contexto social e, muitas vezes, está correlacionada a políticas públicas.

Esse é um processo raro e que se desenvolve a longo prazo. Dificilmente um projeto inicia no modelo emancipatório, pelo contrário, a grande maioria começa com grupos pequenos e, gradativamente, expande-se pela sociedade.

No caso das mulheres, as sufragistas foram pioneiras em uma luta que ainda tem muito a conquistar em termos de respeito aos direitos e igualdade de gênero. O mesmo ocorre com crianças e adolescentes, entre outros grupos sociais que poderíamos usar para exemplificar. Há muito trabalho a ser realizado.

Os tipos citados não são estanques. É possível transitar por eles no desenvolvimento e na implementação de um projeto. Assim, algo que inicia em um processo organizacional interno pode ser replicado para outras instituições e se tornar uma política pública. Relembramos: o importante é agir, refletir e agir.

Outra forma de classificação foi elaborada pela pedagoga e pesquisadora brasileira Maria Amélia Santoro Franco (2005) com base nos trabalhos desenvolvidos no Brasil. A autora relata que área educacional, a partir da década de 1980, incorporou os fundamentos teóricos da teoria crítica proposta por Habermas, e a pesquisa-ação assumiu como finalidade a melhoria da prática docente (Franco, 2005).

Os exemplos de práticas docentes podem contribuir com o desenvolvimento pessoal e profissional do educador social e de outros profissionais. Afinal, como pregado por vários estudiosos, a educação é um instrumento político de emancipação da população.

Para a caracterização das modalidades, Franco (2005) tem como fundamento a direção, o sentido e a intencionalidade da transformação pretendida. A seguir, vamos conhecer as três modalidades propostas por ela: (1) pesquisa-ação colaborativa; (2) pesquisa-ação crítica; e (3) pesquisa-ação estratégica.

Na **pesquisa-ação colaborativa**, a ação transformadora é solicitada pelo grupo de referência à equipe de pesquisadores. O papel do pesquisador é integrar o grupo e colaborar para o processo de mudança anteriormente desencadeado pelos sujeitos do grupo. Se compararmos com os modelos apresentados por Tripp (2005), perceberemos grande similaridade com a pesquisa-ação técnica e a pesquisa-ação prática.

Muitas vezes, a pesquisa-ação colaborativa assume um caráter de criticidade. Isso acontece quando há um mergulho na práxis social do grupo em estudo, do qual se extraem as perspectivas latentes, o oculto e o não familiar que sustentam as práticas, sendo as mudanças negociadas e geridas no coletivo (Franco, 2005).

A **pesquisa-ação crítica** envolve a participação conjunta de pesquisador e pesquisado com vistas à emancipação dos sujeitos e das condições que o coletivo considera opressivas. A voz do sujeito tem um papel fundamental em todas as situações relevantes do processo. A pesquisa-ação crítica deve gerar um processo de reflexão-ação coletiva, em que há uma imprevisibilidade nas estratégias a serem utilizadas.

Essa pesquisa considera a voz do sujeito, sua perspectiva, seu sentido, mas não apenas para registro e posterior interpretação do pesquisador: a voz do sujeito fará parte da tessitura da metodologia da investigação. Outra característica é o caráter emancipatório da pesquisa, pois transformações ocorrem no próprio sujeito, que tem a oportunidade de libertar-se de mitos e preconceitos que organizam suas defesas em relação à mudança, de modo a reorganizar sua autoconcepção como sujeito histórico, processo que também ocorre na pesquisa-ação emancipatória proposta por Tripp (2005). Vale destacar que mudanças propostas e implementadas em conjunto, pelo efeito-cascata, podem gerar mudanças na sociedade como um todo.

Na **pesquisa-ação estratégica**, a transformação desejada é previamente planejada, sem a participação dos sujeitos, e apenas o pesquisador acompanha os efeitos e avalia os resultados de sua aplicação. Portanto, a pesquisa deixa de ser crítica. Se comparamos com o modelo citado por Tripp (2005), diríamos que é uma pesquisa-ação prática.

Esse é um processo dinâmico. Uma proposta inicial pode sofrer alterações ou seguir por uma nova via a qualquer momento. Por isso, sugerimos cautela e análise reflexiva e crítica ao longo do processo. Lembre-se de que a verdade não é absoluta, mas sim momentânea.

6.2 Metodologia da pesquisa-ação

Em paralelo à descrição dos momentos que compõem esse procedimento metodológico, compartilharemos a experiência vivenciada pela autora desta obra, na extensão universitária, como integrante de um projeto idealizado nos princípios da pesquisa-ação.

No Brasil, a extensão universitária desempenha, em muitas instituições públicas e privadas, papel ímpar de transformação social, caracterizada pela integração do saber técnico-científico ao saber popular, pela inclusão de setores populares no meio acadêmico e pela prestação de serviços e transferência de conhecimentos e tecnologias, sendo que ainda há espaço para que esse processo amplie-se e fortaleça-se cada vez mais.

O tripé que sustenta as instituições de ensino superior é indissociável: ensino, pesquisa e extensão. A relação entre ensino, pesquisa e extensão conduz a mudanças no processo pedagógico. O ato de aprender ocorre de maneira conjunta entre alunos e professores, e o conhecimento gerado deve ser compartilhado com a sociedade, resultando em transformações ou novas práticas sociais e no aprimoramento das tecnologias existentes ou novas tecnologias.

Na contemporaneidade, temas como ocupação sustentável do espaço urbano e rural, uso e preservação dos recursos naturais, relações e mercado de trabalho, equidade social, entre outros, passaram a fazer parte da pauta extensionista.

Conforme Paula (2013), é essencial ver a extensão universitária como uma cultura, uma prática e um compromisso indispensáveis à plena realização da universidade como instrumento emancipatório. Assim, fica explícita a congruência entre os princípios que norteiam a extensão universitária no Brasil e os princípios da pesquisa-ação.

Nesse contexto, conforme apresentamos os momentos, as fases e os passos da pesquisa-ação, você conhecerá a história vivenciada no Projeto Adrianópolis.

6.3 Momentos, fases e passos da pesquisa-ação

A explanação da sequência metodológica utilizada nesta obra e apresentada a seguir tem como referencial teórico os fundamentos propostos por Bosco Pinto (Duque-Arrazola; Thiollent, 2014). Também foram utilizados como referencial teórico relatórios institucionais, materiais didáticos e artigos que fazem parte do acervo da autora.

Essa experiência só pôde ser compartilhada porque teve o apoio institucional e a participação de diferentes atores sociais, como reitores, diretores de área, coordenadores, gestores, professores, funcionários, alunos e representantes da comunidade e da esfera governamental.

A pesquisa-ação como processo metodológico compreende três momentos: (1) investigação; (2) tematização; e (3) programação-ação, conforme representado na Figura 6.1.

Figura 6.1 – Os três momentos da pesquisa-ação

I – Investigação
- Conhecer a situação-problema e a percepção do grupo em relação a ela.

II – Tematização
- Pesquisa teórica dos fatos.
- Reflexão crítica e elaboração do conhecimento.

III – Programação-ação
- Usar o conhecimento gerado na elaboração e na implementação da nova prática social.

Cada momento desdobra-se em fases, e cada fase operacionaliza-se em passos, ou seja, em um conjunto de atividades que permitem atingir os objetivos de cada fase.

Um aspecto relevante é que cada momento e suas respectivas fases e passos compreendem um ordenamento lógico que deve ser seguido. Entretanto, não há necessidade de rigidez quanto à ordem cronológica. Reiteramos, novamente, que esse é um processo dialógico que compreende agir-refletir-agir.

Antes de iniciarmos a pesquisa, é necessário compor a equipe de trabalho. Para isso, lembre-se das características do pesquisador elencadas no Capítulo 5. Assim, a equipe deve:

- ser multidisciplinar e trabalhar de modo interdisciplinar, integrando diferentes práticas e concepções teóricas com um propósito único;
- ter as competências e habilidades pessoais e profissionais necessárias condizentes com o projeto em questão;
- preparar-se para atuar em conjunto, por intermédio de reuniões, dinâmicas, rodas de conversa, avaliações e *feedbacks*.

Na fase preliminar, é necessário verificar se o uso da pesquisa-ação está adequado à realidade de estudo pretendida. O adequar-se está voltado tanto ao grupo social objeto da pesquisa, que deve aceitar trabalhar conforme a metodologia, quanto ao conhecimento e à aceitação da metodologia por possíveis investidores/financiadores. Ainda, deve haver disponibilidade de tempo para a realização da pesquisa, lembrando que é um processo que demanda tempo para concretizar-se com plenitude. Sanadas as possíveis dúvidas que possam existir, torna-se viável o início da caminhada.

O **momento 1** da pesquisa-ação é a **investigação**. O termo *investigar* tem como sinônimos *estudar, explorar, averiguar, buscar, rastrear*, entre outros. Significa pesquisar as razões do problema; averiguar, examinar com cuidado.

Podemos afirmar que esse primeiro momento tem como finalidade gerar conhecimento e compreender a visão que o grupo foco de trabalho tem de si próprio e da problemática. Tal momento é composto de três fases, descritas a seguir.

A **fase 1 do momento 1** da pesquisa-ação é a **elaboração de um referencial teórico comum**. Essa fase tem como finalidade gerar um documento intitulado *referencial teórico*, que subsidiará bibliograficamente as etapas seguintes. Nessa fase, há três passos:

- **Passo 1** – definir previamente a área, o espaço físico, geográfico, ecológico e socioeconômico com o qual vai trabalhar e obter informações escritas/documentadas ou orais sobre ele. Para obter as informações, sugerimos a consulta, por exemplo, de diagnósticos socioambientais ou na área de saúde, mapas, fotografias históricas e aéreas, dados estatísticos e relatórios organizacionais. As informações podem ser obtidas em bibliotecas municipais ou em órgãos públicos, como Instituto Brasileiro de Geografia e Estatística (IBGE), Instituto do Patrimônio Histórico e Artístico Nacional (Iphan), Agência Nacional das Águas (ANA), ministérios, secretarias estaduais e municipais, entre outros. Outra fonte rica de consulta são os trabalhos acadêmicos, como monografias, trabalhos de conclusão de curso, dissertações, teses, entrevistas, vídeos e reportagens, que podem ser obtidos em meio físico ou eletrônico nas bibliotecas de universidades públicas e privadas ou em *sites* especializados. Podem ser realizadas, ainda, conversas com especialistas na temática ou com representantes governamentais e não governamentais que tenham ligação/conexão com a área ou a localidade.
- **Passo 2** – organizar e analisar as informações. Para facilitar o acesso posterior às informações obtidas, sugerimos registrá-las e copiá-las fisicamente ou em arquivo eletrônico, sistematizadas e organizadas por assunto, autor e cronologia. O grupo definirá a melhor forma. A equipe de trabalho deve obter informações que ajudem a conhecer o grupo foco da pesquisa, familiarizar-se com ele e orientar as ações futuras. Uma das maneiras

de analisar o conjunto de informações obtidas é por intermédio de um recurso muito utilizado no campo empresarial: a análise SWOT[1], em que S = *strengths* (forças), W = *weaknesses* (fraquezas), O = *opportunities* (oportunidades) e T = *threats* (ameaças). As forças e as fraquezas são fatores intrínsecos ao sistema ou à organização; em nosso caso, seria o município, a comunidade ou o grupo social. Já as oportunidades e as ameaças são extrínsecas, surgem do ambiente como um todo e não são controladas pela organização, comunidade ou grupo social. Em linhas gerais, as forças e as fraquezas são resultantes do passado e refletem o *status quo* do presente – o que acontece e por que acontece. Já as forças externas refletem o que pode vir a acontecer e correlacionam-se com o futuro.

- **Passo 3** – redigir o referencial teórico e incluir as hipóteses interpretativas preliminares.

Na concepção do tripé ensino-pesquisa-extensão e buscando atuar de maneira inovadora e criativa, com a premissa do modelo da tríplice hélice – universidade-governo-empresa –, instituiu-se, na instituição de ensino superior (IES) na qual a autora atuava como docente, um programa de mobilização universitária para o desenvolvimento regional.

> **Programa** é um conjunto de projetos que apresentam os mesmos objetivos e "estabelece as prioridades da intervenção, identifica e ordena os projetos, define o âmbito institucional e aloca os recursos a serem utilizados" (Cohen; Franco, 1993, p. 85-86).

Mobilizar significa agir em prol de um objetivo em comum, com base nas decisões tomadas em comum acordo por diferentes grupos sociais ou segmentos. A mobilização se materializa de

---

1 Na língua portuguesa, é denominada FOFA (forças/oportunidades/fraquezas/ameaças).

vários modos: campanhas, oficinas, reuniões, capacitações, palestras e gincanas, entre outras ações que reúnem, prioritariamente, contingentes de pessoas movidas por um objetivo em comum (Furtado, 2015).

A escolha das ações e dos projetos a serem desenvolvidos depende de cada contexto, das pessoas envolvidas, dos objetivos, das necessidades e de outros aspectos. O mobilizador é mediador e facilitador de processos com a função de criar novas condições de engajamento dos atores em suas ações, atividades e projetos (Furtado, 2015)

Em relação à noção de desenvolvimento, tivemos como referencial o conceito proposto pela Comissão de Brundtland, em 1987, segundo o qual desenvolvimento sustentável é aquele que satisfaz às necessidades das gerações presentes sem comprometer a possibilidade de as gerações futuras satisfazerem as suas.

Entre as condições para tornar operacional o conceito de desenvolvimento, destaca-se a necessidade do amplo conhecimento das culturas e dos ecossistemas, sobretudo como as pessoas se relacionam com o ambiente e enfrentam seus dilemas cotidianos, bem como o envolvimento dos cidadãos no planejamento das estratégias, pois eles são os maiores conhecedores da realidade local (Layrargues, 1997).

O Projeto Adrianópolis, relatado a seguir, foi o primeiro a ser concebido no contexto da IES em que a autora atuava.

> **Projeto** é a unidade mínima de destinação de recursos e, por meio de um conjunto integrado de atividades, pretende transformar uma parcela da realidade, suprindo uma carência ou alterando uma situação-problema (Cohen; Franco, 1993).

O ponto de partida para a construção do projeto foi o tema *cidades*, que é instigante e desafiador, pois a cidade é um espaço natural e antrópico composto de agentes sociais e econômicos, como população e governo, atores que tomam decisões que influenciam diretamente seus destinos e impactam no desenvolvimento econômico e social.

A cidade também é compreendida como o local onde tudo acontece, no qual ocorre a geração de riqueza, por exemplo, para os cidadãos que realizam seus sonhos de vida ou mesmo para instituições públicas e privadas. Por outro lado, também pode ser um espaço de pobreza, com estágios de dependência e carência em diversos aspectos, como humano, social, econômico e ambiental, ou, ainda, como espaço de retração no ambiente de negócios.

Ao optar por trabalhar com esse tema, considerou-se, também, que a cidade é um excelente laboratório para aqueles que estão em processo de formação profissional e seus respectivos facilitadores.

Nesse contexto, formou-se a equipe de pesquisadores/professores extensionistas que se habilitaram a participar do Projeto Adrianópolis. A equipe foi formada por profissionais com diferentes formações, experiências e áreas de atuação no ambiente da IES: jornalistas, arquitetos, engenheiros, biólogos, médicos, enfermeiros, administradores, economistas, *designers*, pedagogos, entre outros.

Em paralelo, avaliou-se a viabilidade do projeto no âmbito da IES, considerando a disponibilidade de recursos humanos e financeiros e a logística para sua implementação.

O momento investigativo começou com uma viagem a Maringá, município localizado no estado do Paraná. A visita teve como propósito apresentar aos possíveis participantes do projeto um município considerado modelo em planejamento, urbanismo e qualidade de vida.

Após a viagem, foi proposto que o grupo refletisse sobre as seguintes questões:

- O que difere Maringá das demais cidades paranaenses em termos de planejamento, urbanismo e qualidade de vida?
- É possível alterar o *status quo* das cidades paranaenses?
- Como definir uma cidade para ser laboratório do projeto que se pretende desenvolver?

A busca por informações abrangeu uma vasta literatura pertinente ao tema *cidades* e outros correlatos tanto em meio impresso quanto eletrônico. Procuramos materiais relacionados, principalmente, a planejamento e desenvolvimento sustentável. Em paralelo, realizamos visitas a órgãos públicos para coleta de dados, como Instituto Brasileiro de Geografia e Estatística (IBGE) e Banco de Fomento do Paraná. Foram também realizadas conversas preliminares com representantes de instituições públicas e privadas.

O material obtido foi organizado por área e data de publicação, compartilhado e analisado pela equipe de pesquisadores e professores, elaborando-se, assim, o referencial teórico inicial.

Vamos seguir nossa caminhada conhecendo o processo metodológico. Para finalizar essa descrição, apresentamos uma síntese esquemática das ações com base nos passos que compõem essa fase (Figura 6.2).

Figura 6.2 – Ações da fase 1 (momento 1) da pesquisa-ação

- Município paranaense: desenvolvimento sustentável

1 – Área de trabalho

2 – Coleta de dados
- Visita a Maringá
- Reuniões internas e com outras instituições, como IBGE, Ipardes, Banco de Fomento do Paraná
- Consulta a periódicos científicos, livros e relatórios

4 – Referencial

3 – Organização e análise dos dados
- Área
- Autoria
- Data de publicação
- Relevância para a pesquisa

- Redação do referencial teórico

A **fase 2 do momento 1** da pesquisa-ação é a **seleção e aproximação de uma área e de unidades específicas estratégicas**. Bosco Pinto (citado por Baldissera, 2001, p. 13), afirma que "investigar uma realidade social não se esgota com a aplicação de instrumentos de pesquisa, mas requer também a observação sistemática de tudo quanto se refere às atividades dos homens concretos em relação com a natureza e mútua relação".

A delimitação do tema de pesquisa inicia na fase investigativa com uma visão macro e visa buscar informações gerais sobre a temática previamente definida. Nessa fase, deve-se refinar a busca das informações.

Essa fase é composta de seis passos:

- **Passo 1** – elencar os critérios que delimitam o objeto ou a área de pesquisa.
- **Passo 2** – definir a localidade ou o grupo de pesquisa segundo os critérios estabelecidos e os dados previamente levantados (análise documental).
- **Passo 3** – elaborar um roteiro para coleta de dados. Nesse tipo de pesquisa, não é adequado o uso de questionários fechados, e sim de recursos que permitam maior interação entre pesquisador e pesquisados.
- **Passo 4** – realizar resgate histórico da localidade e do grupo social. Esse resgate pode ser por via documental ou com rodas de conversas e entrevistas semiestruturadas com moradores, líderes comunitários e governantes da localidade. Para facilitar o posterior registro e a análise das informações, sugerimos gravar ou filmar os encontros. Um alerta: lembre-se de obter previamente autorização de uso de áudio e imagem com os componentes da comunidade ou do grupo social que estiver participando do processo.
- **Passo 5** – a melhor forma de conhecer e perceber uma realidade social é vivenciando, estando junto, participando, compartilhando diferentes momentos e experiências. Essa etapa é a da percepção sensorial, processo que não pode ser realizado com pressa. Exige várias idas ao campo/localidade da pesquisa, em diferentes horários e ocasiões, como dias úteis, fins de semana, feriados, momentos em que o grupo pesquisado encontra-se realizando atividades laborais ou esteja em momentos de lazer, celebrações festivas ou mesmo de luto. O convívio a longo prazo pode intensificar a empatia e permitir maior integração

entre pesquisados e pesquisadores. Nesses encontros, é possível identificar novos integrantes para o grupo de trabalho e aqueles que possam contribuir e liderar o processo de transformação social. Para que esse processo se concretize, é importante estabelecer uma relação dialógica e horizontal entre todos os envolvidos. Vale, aqui, destacar a percepção de Baldissera (2001) de que participar das atividades que as pessoas envolvidas no projeto de pesquisa desenvolvem não é uma ação populista ou sentimental, e sim um ato pedagógico necessário para aprender a realidade social em que vivem os implicados no processo de conhecimento-ação.

- **Passo 6** – consiste em compreender e analisar criticamente os dados do referencial teórico, selecionar as informações pertinentes à situação ou ao grupo social foco da pesquisa e comparar as informações obtidas nessa fase (2) com as existentes no referencial teórico (fase 1).

Os passos citados são orientadores do processo. Muitos deles ocorrem de maneira concomitante ou de acordo com o cronograma estabelecido pela equipe de pesquisadores.

Conforme já dissemos, a pesquisa-ação não é empregada exclusivamente em projetos de pesquisa, podendo ser utilizada para outros fins. Assim, reiteramos que esse foi um projeto de extensão universitária que usou em sua concepção e desenvolvimento os princípios da pesquisa-ação.

A palavra *pesquisa* deriva do termo latino *perquirere*, que significa *procurar com perseverança*. Dessa forma, o termo *pesquisa* foi empregado, nesse projeto, no sentido de *investigar, averiguar, procurar com perseverança, atuar junto, conhecer de forma meticulosa*. E, consequentemente, o termo *pesquisadores* foi utilizado para se referir aos representantes da IES (coordenadores, professores e alunos que participaram do processo) e o termo *pesquisados,* aos sujeitos do processo (representantes da comunidade foco do projeto).

O tema *cidades,* com enfoque em desenvolvimento local sustentável, já estava bem consolidado como premissa para a elaboração e o desenvolvimento do projeto.

Na sequência metodológica adotada como referencial para a elaboração e a implementação do projeto, tínhamos como desafio delimitar a área de pesquisa, ou seja, a cidade foco, tendo como referencial os critérios definidos.

Sucintamente, apresentamos a seguir os critérios selecionados:

- A cidade foco da pesquisa deveria ser um município do estado do Paraná.
- O município seria foco da pesquisa se atendesse às seguintes características: a) índices de desenvolvimento abaixo das metas estabelecidas ou considerados satisfatórios pela Organização das Nações Unidas (ONU) e outras entidades e por indicadores como Indicadores de Desenvolvimento Sustentável (IDS), Índice de Desenvolvimento Humano Municipal (IDHM), Índice de Desenvolvimento da Educação Básica (Ideb) e outros identificados ao longo do processo; b) gestores do município que aceitassem participar desse processo e estivessem dispostos a incentivar a participação da comunidade local.
- Além da participação da IES e do governo municipal, fosse possível contar com a participação de empresas estabelecidas ou não no município que compartilhassem dos mesmos valores e ideais, seguindo os princípios da tríplice hélice e favorecendo o processo de transformação social e política.

Com base nos critérios explicitados, delimitou-se como **área de atuação** futura a região do Vale do Ribeira. Essa região localiza-se ao leste do estado do Paraná e ao sul do estado de São Paulo. Abrange as bacias hidrográficas Rio Ribeira de Iguape e o Complexo Estuarino Lagunar de Iguape, Cananeia e Paranaguá. É composta de 7 municípios que se encontram no estado do Paraná e 23 no estado de São Paulo (Mapa 6.1).

Mapa 6.1 – Municípios que compõem o Vale do Ribeira

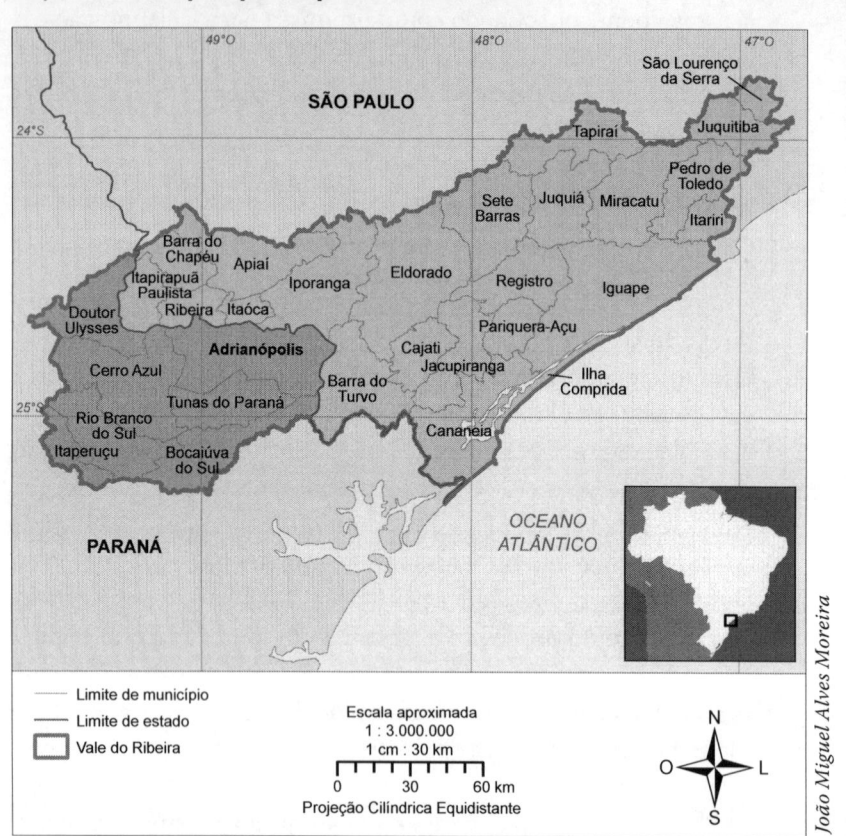

João Miguel Alves Moreira

O Vale do Ribeira abriga a maior área de remanescente de Mata Atlântica, sendo rico em biodiversidade tanto de espécies quanto de ecossistemas aquáticos e terrestres. Nessa região, há diversas comunidades indígenas, quilombolas, caiçaras e de imigrantes portugueses, espanhóis, japoneses, ucranianos e poloneses. Portanto, abriga também uma grande diversidade cultural e histórica.

Diferentes ciclos econômicos vinculados à exploração de minérios e à agricultura fazem parte da história socioeconômica da região. Entretanto, infere-se que a falta de planejamento e visão de longo prazo resultaram na presença de alguns bolsões de pobreza que caracterizam atualmente a região.

Na área de abrangência do Paraná, encontram-se os municípios de Adrianópolis, Bocaiúva do Sul, Cerro Azul, Doutor Ulysses, Itaperuçu, Rio Branco do Sul e Tunas do Paraná.

A equipe de pesquisadores visitou esses municípios e conversou com representantes do governo e da comunidade em diversas ocasiões e momentos. Como resultado desses encontros, delimitou-se como área de abrangência para a pesquisa/projeto o município de Adrianópolis.

Os critérios que prevaleceram na escolha do município de Adrianópolis foram:

- IDHM de 0,667, o qual é considerado baixo (IBGE, 2010). Esse índice abrange as dimensões educação, expectativa de vida e renda;
- passivo ambiental em razão da extração do chumbo em décadas passadas;
- protocolo de intenção junto ao Governo do Estado do Paraná de instalação de quatro indústrias cimenteiras no município. Uma delas já se encontrava em atividade;
- a principal atividade econômica no momento era a extração de calcário. Visando tornar-se um polo cimenteiro, a nova dinâmica econômica e social poderia servir de modelo e estímulo para outros municípios da região;
- pertencer à Região Metropolitana de Curitiba, capital do estado, onde ficava sediada a IES.

Mapa 6.2 – Regiões do Paraná

Mapa 6.3 – Região Metropolitana de Curitiba

João Miguel Alves Moreira

O município de **Adrianópolis**, como definido nos critérios, pertence à Região Metropolitana de Curitiba, capital do estado, e encontra-se a cerca de 135 quilômetros dela. Em razão da sinuosidade da principal via de acesso ao município, a rodovia BR- 476, o percurso entre as duas cidades é feito em cerca de 3 horas.

Essa dificuldade no acesso ao município interferiu em algumas ocasiões no processo de percepção sensorial, considerando que a maioria das visitas à região, por questões de logística e disponibilidade da equipe de pesquisadores, professores e alunos, ocorreu nos fins de semana. Por outro lado, como a maioria dos moradores habita a área rural, 68% vivendo da agricultura de subsistência ou de recursos governamentais (Ipardes, 2021), têm por costume vir à área urbana no sábado, sendo possível nessas ocasiões ter um contato prévio com eles. As expedições nos fins de semana permitiram, ainda, a realização de algumas atividades que envolvessem um número maior de representantes da comunidade.

Um fato curioso percebido e confirmado durante os encontros foi o de que muitas comunidades encontravam-se na divisa com o estado de São Paulo. O acesso à sede administrativa desses municípios era mais fácil que o acesso à sede do próprio município

Com base nas conversas, nas entrevistas e na análise das informações e dos materiais obtidos, foram definidas três linhas de atuação:

1. **Ambiente socioeconômico** – infraestrutura, logística, negócios, comunicação, gestão pública, energia, produção, mobilidade, telecomunicações e cultura e meio ambiente;
2. **Ambiente jurídico** – regulamentação fundiária, regulamentação, formalização e abertura de empresas, criação e/ou regulamentação de associações e cooperativas, obtenção e atualização de licenças, alvarás e outros diplomas legais, e implantação de conselho de desenvolvimento e observatório social;
3. **Ambiente de necessidades básicas** – educação e saúde.

À medida que o processo se desenvolvia, era possível rever essas linhas de atuação e identificar novas demandas. As ações eram planejadas para serem executadas a curto, médio e longo prazos.

Por tratar-se de um projeto de extensão universitária, para consolidação das ações, foi assinado um termo de cooperação técnica entre a IES e a prefeitura, oficializando a parceria entre pesquisados e pesquisadores.

No levantamento das informações sobre a história social e econômica do município, detectou-se a ausência de documentos que a registrassem. Foi encontrado um conjunto de artigos, monografias, dissertações e teses vinculadas, principalmente, à exploração de minérios e seus impactos ambientais e em termos de saúde, mas nada que efetivamente retratasse a percepção dos moradores e os fatos históricos ou pitorescos da região.

Por indicação de representantes da Secretaria Municipal de Educação e Cultura, foi possível identificar e entrevistar os moradores mais idosos do município.

Esses moradores, em rodas de conversa nas quais o diálogo fluía com naturalidade e espontaneidade, compartilharam sua história de vida e fatos curiosos que retratavam a história local.

O processo de percepção sensorial não se concluiu nessa etapa. Foi um processo contínuo que englobou atividades voltadas aos três ambientes citados ao longo dos anos de desenvolvimento da pesquisa.

Outro fato notório das rodas de conversa era o incômodo dos moradores em não ter acesso às notícias do estado do Paraná, motivo pelo qual se sentiam excluídos.

Um instrumento que pode ser utilizado para o registro das informações e ações é o diário de campo. Esse caderno/bloco de anotações pode ser feito em meio físico ou eletrônico.

A cada encontro/ação deve-se registrar, preferencialmente de imediato, data, localidade em que ocorreu a ação, nome dos participantes, observações, impressões e percepções e reflexões, enfim, dados que possam ser consultados posteriormente, analisados e discutidos com o grupo – por exemplo, registrar dúvidas que surgiram, questionamentos ou reflexões que resultem do processo vivenciado.

Sugestões de nomes para contatos futuros, como representantes da comunidade e órgãos governamentais ou privados que possam ser consultados também devem ser registradas no diário de campo.

Não deixe que a preocupação com o registro no diário interfira de maneira negativa no desenrolar da ação. Seja fidedigno e haja com cientificidade.

Esse recurso metodológico tem como finalidade desenvolver o hábito de observar com atenção, descrever com precisão e refletir sobre os acontecimentos (Duque-Arrazola; Thiollent, 2014).

O diário de campo, mais do que um instrumento de anotações, pode funcionar como um sistema de informação no qual é possível avaliar as ações realizadas no dia a dia, permitindo que o investigador seja capaz de melhorá-las e desenvolva sua capacidade crítica por meio da elaboração de um planejamento no qual ele possa traçar objetivos e propor atividades, preparando, assim, as ações profissionais futuras (Falkembach, 1987). Não confunda os registros no diário de campo com a redação de uma ata.

A ficha de descobertas é o instrumento metodológico que integraliza percepções e observações do grupo de pesquisados e pesquisadores tendo como referencial informações, dados, observações e reflexões registrados no diário de campo. A ficha de descobertas é composta de três partes:

1. descrição detalhada dos elementos que compõem uma situação ou um fato observado;
2. seleção de seus elementos e relações essenciais para formular hipóteses interpretativas;
3. contextualização histórica do fato conjuntural que permita captar sua dinâmica.

Por intermédio desses recursos e na convivência a longo prazo com a comunidade local – população de Adrianópolis e representantes do governo –, foi possível, pouco a pouco, identificar suas carências, dificuldades no processo laboral, anseios e desejos em termos culturais, sociais e econômicos.

Na próxima fase, compartilharemos outros passos de nossa caminhada. No momento investigativo, a fase 2 abrange cinco passos. Na Figura 6.3, apresentamos uma síntese esquemática das ações realizadas em cada um dos passos da fase 2 do momento 1:

Figura 6.3 – Ações da fase 2 (momento 1) da pesquisa-ação

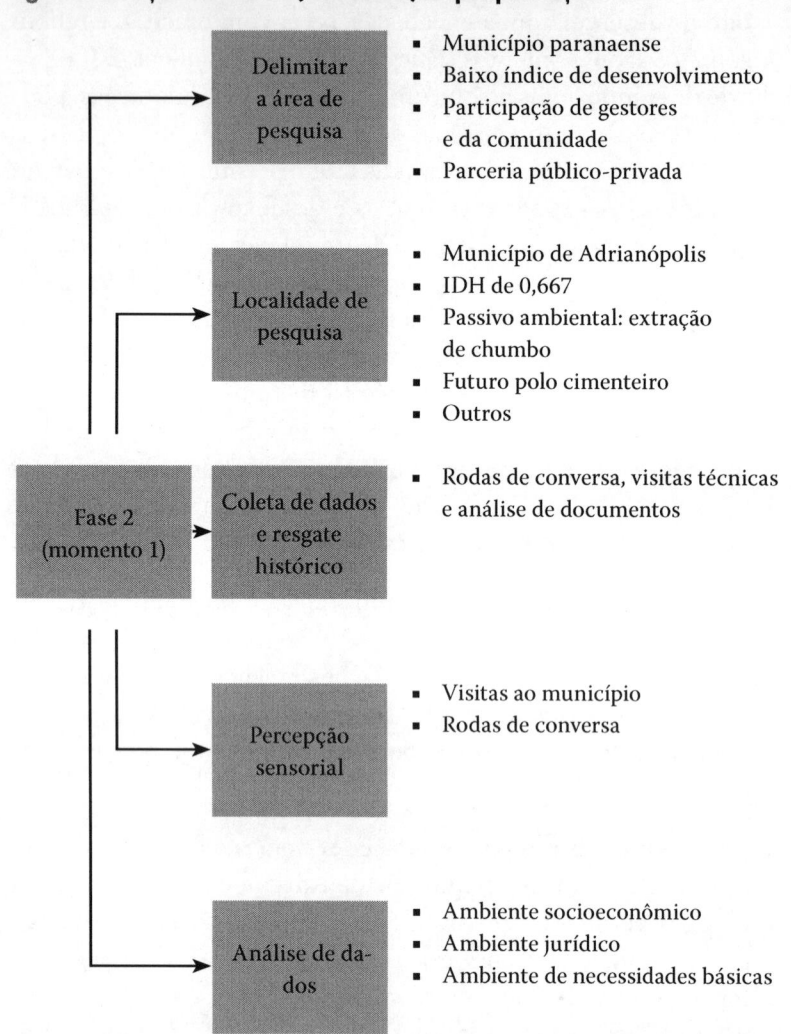

Fase 2 (momento 1)

- **Delimitar a área de pesquisa**
  - Município paranaense
  - Baixo índice de desenvolvimento
  - Participação de gestores e da comunidade
  - Parceria público-privada

- **Localidade de pesquisa**
  - Município de Adrianópolis
  - IDH de 0,667
  - Passivo ambiental: extração de chumbo
  - Futuro polo cimenteiro
  - Outros

- **Coleta de dados e resgate histórico**
  - Rodas de conversa, visitas técnicas e análise de documentos

- **Percepção sensorial**
  - Visitas ao município
  - Rodas de conversa

- **Análise de dados**
  - Ambiente socioeconômico
  - Ambiente jurídico
  - Ambiente de necessidades básicas

A **fase 3 do momento 1** da pesquisa-ação é a **investigação participante da problemática e da percepção da unidade específica**. Para concluir o momento investigativo, é necessário compartilhar a percepção que o grupo de pesquisados têm de si próprio e de sua realidade social e problemática, bem como a percepção que o grupo de pesquisadores registrou em relação à unidade de pesquisa.

Essa fase é composta de quatro passos:

- **Passo 1** – sistematizar as informações obtidas na fase anterior por meio de uma ação conjunta entre pesquisados e pesquisadores, utilizando as informações do diário de campo e das fichas de descobertas.
- **Passo 2** – identificar as mensagens cifradas (códigos) explicitadas por intermédio de representação gráfica ou audiovisual pelos integrantes da comunidade ou do grupo social foco da pesquisa sobre a percepção que eles têm da realidade ou da situação-problema. É importante respeitar a forma de expressão do grupo foco, tendo o cuidado para não interferir nela. Esses códigos podem ser manifestados por meio de músicas, danças, ritos ou outras ações que podem ser visualizadas e percebidas no convívio com o grupo em diferentes momentos.
- **Passo 3** – compartilhar com a comunidade ou grupo social as informações obtidas nas fases anteriores. Ocorre a devolutiva e a análise conjunta dos dados. Nesse passo, por meio de círculos de pesquisa, é possível retificar informações e dados e, também, confirmar, em um grupo maior, as informações obtidas inicialmente de maneira individual ou em subgrupos. Utilize recursos didáticos acessíveis e compreendidos por todos os envolvidos, como recursos audiovisuais, desenhos e diagramas. Segundo Baldissera (2001), esse é o momento de (re)descobrir a realidade e as verdades locais. Outra forma de trabalhar é por meio de seminários, que consistem em encontros e reuniões nas quais todos devem expressar-se, ouvir, posicionar-se, refletir e confirmar ou não as informações previamente coletadas. Podem ser utilizados diferentes recursos pedagógicos e

tecnológicos para tomar decisões acerca do momento investigativo (Thiollent, 2009).

- **Passo 4** – registrar e sistematizar o material produzido, por exemplo, em fichas de descobertas, gravações e vídeos, preparando-o para o momento da tematização.

Como fizemos nas fases 1 e 2, vamos compartilhar nossa vivência nesse processo. Vejamos, a seguir, nosso relato de como estava o desenvolvimento do Projeto Adrianópolis nessa etapa do trabalho.

Nesse momento, por intermédio da análise das informações coletadas, ficou claro que dois aspectos eram muito relevantes para a comunidade: (1) a ausência de material que registrasse a história local e (2) o fato de os pesquisados sentirem-se excluídos do Estado em razão da inexistência de telecomunicações, como noticiários regionais.

Com o material obtido e utilizando os recursos tecnológicos e didáticos disponíveis na IES, foi possível transformar o material em um documentário. Esse documentário, denominado *História oral de Adrianópolis*, foi exibido em um telão em praça pública para que toda a população pudesse vê-lo. Na ocasião, um dos entrevistados já havia falecido, porém ficou seu registro como protagonista da história do município.

Em relação à falta de comunicação, foi possível viabilizar, a curto prazo, por intermédio de parceria com uma empresa do setor de telecomunicações estabelecida em Curitiba, a instalação de uma torre de transmissão no município. Hoje, a população está conectada com o Estado.

Posteriormente, a própria empresa de telecomunicações, via equipe de jornalismo, realizou algumas reportagens e um documentário sobre o município, valorizando suas belezas naturais e seus aspectos culturais. Notamos a satisfação e o orgulho dos moradores ao terem a oportunidade de protagonizar esses documentários e, ainda, por passarem a ser visualizados pelo Estado.

A descrição, representada graficamente na Figura 6.4, teve como objetivo ilustrar o ocorrido nessa fase, porém outras ações aconteceram em paralelo.

Figura 6.4 – Ações da fase 3 (momento 1) da pesquisa-ação

Sistematizar informações (pesquisadores e pesquisados)
- Diário de campo
- Ficha de descobertas

Identificar mensagens cifradas (códigos)
- Ausência de registro histórico
- Ausência de telecomunicação com o restante do estado

Compartilhar, analisar e comparar informações (círculos de pesquisa e seminários)
- Documentário *História oral de Adrianópolis*
- Instalação de torre de transmissão
- Outros

- O município carregava o estigma de cidade-fantasma por causa dos impactos ambientais negativos decorrentes da exploração e do refino de minérios. As consequências sociais, sanitárias e econômicas ainda são sentidas, mesmo após a empresa exploradora encerrar as atividades. Pouco a pouco, a população vem recuperando a autoestima e idealizando novos sonhos.
- O **momento 2** da pesquisa-ação é a **tematização**. Desde o início deste trabalho, enfatizamos que a pesquisa-ação compreende agir-refletir-agir. Após a coleta de informações (agir), chegamos ao momento em que a reflexão permite que o conhecimento adquirido seja reelaborado (refletir) e oriente a proposição de ações futuras (agir).
- O refletir tem como embasamento o material teórico oriundo das pesquisas realizadas e das hipóteses levantadas e a análise/confronto deste com os dados da realidade obtidos por meio dos diagnósticos, ou seja, as ações realizadas no momento investigativo.

O confronto entre a realidade objetiva e a percepção subjetiva resulta na proposição de uma ação, tendo como referencial temas geradores.

Os objetivos desse momento fluem da confrontação dialética: elaborar teoricamente a realidade, confrontá-la com a percepção sistematizada do grupo, desvelar as contradições existentes entre realidade e percepção e, finalmente, buscar sua superação mediante a tematização, que se consolida em um programa ou em uma proposta (Duque-Arrazola; Thiollent, 2014).

O processo metodológico, neste momento, concretiza-se, segundo Baldissera (2001), em duas fases e nove passos, como sintetizado na Figura 6.5.

Figura 6.5 – Ações do momento 2 da pesquisa-ação

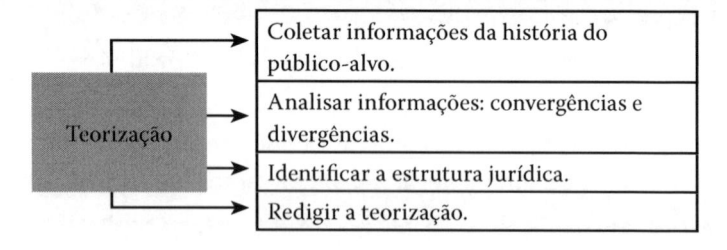

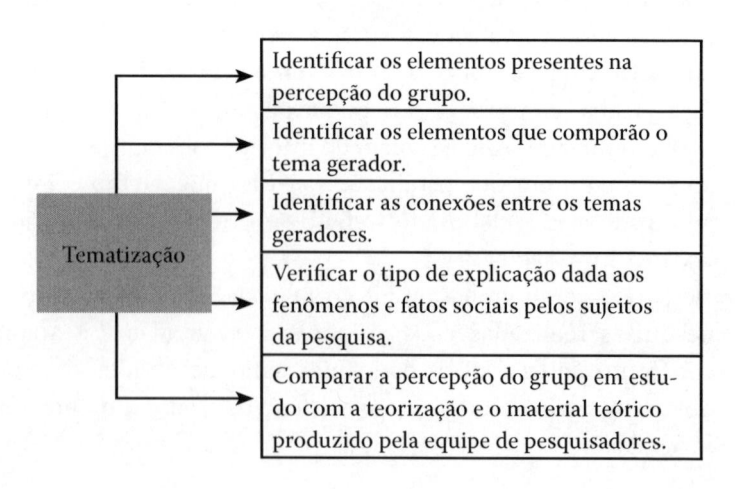

Teorização
- Coletar informações da história do público-alvo.
- Analisar informações: convergências e divergências.
- Identificar a estrutura jurídica.
- Redigir a teorização.

Tematização
- Identificar os elementos presentes na percepção do grupo.
- Identificar os elementos que comporão o tema gerador.
- Identificar as conexões entre os temas geradores.
- Verificar o tipo de explicação dada aos fenômenos e fatos sociais pelos sujeitos da pesquisa.
- Comparar a percepção do grupo em estudo com a teorização e o material teórico produzido pela equipe de pesquisadores.

A **fase 1 do momento 2** da pesquisa-ação é a **teorização**. A finalidade dessa fase é que a equipe de pesquisadores compreenda a realidade da comunidade objeto da pesquisa na totalidade. Em linhas gerais, as ações foram desenvolvidas seguindo os quatro passos propostos no procedimento metodológico, os quais estão registradas na Figura 6.6.

Figura 6.6 – Ações da fase 1 do momento 2 da pesquisa-ação

Pesquisador	Coleta de informações	Análise de informações	Redação e teorização
- Capacitação técnica e científica - Atividades multi e interdisciplinares - Visitas, observações, encontros/rodas de conversa	- Ambiente socioeconômico - Comércio - Ambiente jurídico: Câmara de Vereadores - Ambiente de necessidades básicas: Secretaria de Educação e Saúde	- Comerciantes - População - Atendimento à legislação sanitária - Leiaute - Vereadores, secretários e servidores municipais - População - Revisar e atualizar - Plano diretor - Habitações em áreas irregulares - Secretários e servidores municipais - Professores - Alunos - Comunidade - IDH - Ideb - Outros	- Material teórico

Os passos dessa fase são os seguintes:

- **Passo 1** – obter informações pertinentes à história do público-alvo, como estrutura social; lutas e reivindicações preexistentes; relações de poder entre si e em relação a outros grupos e, ainda, com o Estado; e conexões existentes em nível local, estadual, nacional ou internacional.
- **Passo 2** – analisar as informações obtidas buscando pontos convergentes e contraditórios.
- **Passo 3** – identificar os mecanismos jurídicos e a estrutura política que funciona como arcabouço ou agente desencadeador da situação-problema identificada.
- **Passo 4** – redigir a teorização. É um momento essencial, que permite fazer da ação uma prática, funde e integra teoria e ação (Duque-Arrazola; Thiollent, 2014). Para facilitar a redação, sugerimos que ela seja construída por meio de perguntas norteadoras. Por exemplo, no item que for fazer referência a:

> a. Forças produtivas: Como ocorre a empregabilidade da força de trabalho? É sazonal? É temporária? Como é feita a distribuição da produção?
> b. Recursos naturais: Qual é a disponibilidade local? Que usos são comuns? Quem controla a exploração? Quais são os impactos ambientais negativos e positivos? Quais são os impactos sociais e econômicos decorrente desse processo?
> c. Saúde: Quais são as patologias mais comuns por gênero e faixa etária? Há assistência médica e odontológica local? Quais são as causas de mortalidade? Há acompanhamento pré-natal para as gestantes?

No Capítulo 5, falamos das habilidades e competências do pesquisador. Para a construção do documento teórico-prático e sua validação científica, é importante que a equipe de pesquisadores tenha conhecimento teórico-conceitual, estude o tema e busque informações na literatura pertinente. Converse, troque informações com especialistas e, se necessário, busque ajuda técnica e parcerias. Em síntese, esteja capacitado para atuar.

O convívio, a empatia e o aprimoramento da capacidade de pesquisar, discutir, ouvir e explanar contribuem para aprimorar o processo e produzir materiais com melhor qualidade e mais fidedignos à realidade. A experiência pessoal e profissional também enriquece o processo.

A definição do tema ocorre em função da situação-problema identificada. Por exemplo, problemas ambientais podem estar vinculados a questões educacionais (como descarte de resíduos em locais inapropriados), culturais (como a prática de queimadas) e econômicos (como exploração dos recursos naturais). Ao optar pelo tema, é importante identificar e definir o caminho que se pretende trilhar.

A equipe de pesquisadores, relembrando que era formada por professores e alunos, sempre teve como premissa que a capacitação técnica e científica era essencial nesse processo, em associação com as virtudes e os valores individuais de cada membro.

Assim, antes de cada expedição, aconteciam reuniões, encontros e rodas de conversa nas quais os acadêmicos e respectivos professores se organizavam, estudavam e preparavam a ação. Outro ponto que vale destacar é que as ações eram vinculadas ao conteúdo curricular, conforme o curso no qual o acadêmico estivesse matriculado, priorizando atividades multi e interdisciplinares, isto é, envolvendo acadêmicos de diferentes cursos e áreas.

A proposta inicial da pesquisa em desenvolvimento contemplava, como já mencionado, três ambientes de atuação: socioeconômico, jurídico e de necessidades básicas. Dessa forma, atividades e ações foram coordenadas por professores e acadêmicos dos cursos de Engenharia Civil, Arquitetura e Urbanismo, Logística, Design Visual, Jornalismo, Sistema de Informações, Gestão Comercial, Gastronomia, Ciências Contábeis, entre outros, no ambiente socioeconômico. No ambiente jurídico, as atividades estavam a cargo dos representantes de cursos como Direito, Engenharia Civil, Arquitetura e Medicina Veterinária. No ambiente de necessidades básicas, atuaram os seguintes cursos:

Pedagogia, Biologia, Educação Física, Enfermagem, Medicina, Odontologia, Psicologia, entre outros.

Convém enfatizar que, em razão da dinâmica do processo, professores e acadêmicos migraram e participaram das atividades nos diferentes ambientes, contribuindo com sua *expertise* na área e permitindo que desafios fossem enfrentados, novas experiências, vivenciadas, e conhecimentos, adquiridos.

No ambiente socioeconômico, em relação ao comércio local, após visitas aos estabelecimentos e diferentes encontros com os comerciantes e a população em geral, observou-se a necessidade de melhorias em termos de atendimento à legislação, ao cliente e leiaute. Algumas questões nortearam o levantamento das informações, como:

- Quais são as atividades comerciais estabelecidas no município?
- Onde se localizam esses estabelecimentos?
- O que incomodava seus proprietários, por exemplo, em relação ao espaço físico?
- Como os proprietários, os funcionários e o público em geral visualizam as melhorias que poderiam ocorrer nos estabelecimentos?

No ambiente jurídico, no primeiro momento, verificou-se duas situações-problema: plano diretor e áreas de habitação irregulares. Para que essas ações pudessem se efetivar, parcerias foram estabelecidas entre os cursos de Direito, Engenharia Civil e Arquitetura e Urbanismo. Encontros aconteceram na Câmara Municipal com a presença de vereadores, secretários municipais e outros servidores municipais e, também, representantes da comunidade para o levantamento de dados que subsidiassem a obtenção de informações sobre a problemática local e, em paralelo, de informações teóricas.

No ambiente de necessidades básicas, foram priorizadas as áreas de educação e saúde. O ponto de partida foi o IDH (0,667); e o Ideb (5,0 na ocasião), os quais fizeram parte dos critérios para a delimitação da área de trabalho.

Para o diagnóstico e a identificação da situação-problema, foram realizadas entrevistas no formato semiestruturado com representantes da Secretaria Municipal de Cultura e Educação, abrangendo secretária, professores e outros servidores. Em paralelo, foram realizadas visitas a algumas escolas. Durante esses momentos, procurou-se obter informações por meio de perguntas como:

- Quem eram os profissionais que atuavam nas unidades escolares?
- Qual era a formação profissional deles?
- Os profissionais tinham acesso a cursos de reciclagem e capacitação ofertados pelo município ou outras entidades?
- Quais eram as principais dificuldades encontradas pelos profissionais no exercício da profissão?
- Além do capital humano, quais eram os recursos materiais e didáticos disponíveis nas unidades escolares?
- Na percepção dos educandos, do que eles gostavam e do que não gostavam no ambiente escolar?
- Na percepção dos pais, quais eram os obstáculos para o melhor desempenho dos filhos?

Outras questões foram elaboradas à medida que a equipe de pesquisadores aprofundava seu conhecimento, tendo como referencial o material bibliográfico indicado pelos professores e as discussões realizadas nas salas de aula, pautadas na literatura e na legislação pertinente, bem como no contato com a comunidade.

Os diferentes questionamentos balizaram a redação do material teórico específico em relação ao grupo social em questão.

A **fase 2 do momento 2** da pesquisa-ação é a **tematização**. Para definir o tema de pesquisa, é importante conhecer a visão que a comunidade, o grupo social ou a organização objeto da pesquisa têm de si mesmo e como percebem a realidade social local.

Na etapa seguinte, acontece o confronto da percepção do grupo com o material teórico gerado pelos pesquisadores, visando identificar os fatos reais.

A comunicação entre pesquisadores e pesquisados precisa ser eficaz e não coibir a voz da comunidade, do grupo social ou da organização. Identifique e use recursos que sejam adequados à realidade local. Muitas vezes, uma imagem diz mais que milhares de palavras. Há vários recursos didáticos que podem ser usados nesse momento.

Essa fase é composta de cinco passos, conforme Baldissera (2001):

- **Passo 1** – identificar os elementos presentes na percepção dos grupos, como unidade familiar, instrumentos, objetos de trabalho, entre outros. Por intermédio da análise de conteúdo dos dados obtidos em entrevistas, círculos ou fóruns de pesquisa, é possível verificar como os elementos são percebidos e relacionados pelo grupo envolvido na pesquisa.
- **Passo 2** – identificar o conjunto de elementos que comporão o tema gerador da pesquisa. O tema gerador sempre tem alguns elementos ou componentes de caráter sensível, vivencial ou percebidos pela consciência, ao redor dos quais gravitam outros elementos, dando-lhes um sentido.
- **Passo 3** – detectar o grau de relacionamento entre os temas percebidos pelos integrantes dos grupos de pesquisa. Identificar as conexões entre os temas que são percebidas pelos membros dos grupos com o propósito de definir o conjunto de temas relevantes para o grupo. Por exemplo, saúde, trabalho, renda, diversidade cultural ou étnica, educação, migração, entre outros.
- **Passo 4** – verificar o tipo de explicação dada aos fenômenos e fatos sociais. Constatar a que os grupos sociais integrantes da unidade específica atribuem as causas dos fatos que interferem em seu dia a dia.
- **Passo 5** – comparar a percepção do grupo em estudo com a teorização, ou seja, com o material teórico produzido pela equipe de pesquisadores.

Parafraseando Bosco Pinto, esse processo seria como montar um quebra-cabeça. É preciso criar condições para que todas as peças se façam presentes, ou seja, todos precisam participar, contribuir e cooperar para que o cenário represente efetivamente a realidade, sem distorções, falsas explicações, magia ou fetiche.

Finalizamos essa etapa com dois pensamentos: "O tema gerador, muitas vezes, não é uma ideia ou conceito simples, ainda que seu significado possa ter um símbolo verbal bem familiar" (Baldissera, 2001, p. 19); "O tema da pesquisa é a designação do problema prático e da área de conhecimento a serem abordados" (Thiollent, 2009, p. 50).

A efetividade das ações realizadas até este momento culmina na definição do tema identificado como prioritário pela comunidade. Não é raro que mais de um tema venha a ser definido. O importante, porém, é que ele tenha significado social e político para o grupo social. Do contrário, não gera um processo de ação-reflexão-ação.

A seguir, compartilhando nossa caminhada, exemplificaremos como foram definidos os temas de pesquisa.

O tema *cidades*, que deu origem a todo o processo, abrange uma infinidade de situações-problema que podem inspirar diversos temas geradores. Assim, a delimitação dos três ambientes de atuação e, posteriormente, a definição prévia de áreas onde a equipe de pesquisadores estivesse apta a atuar foi um mecanismo que viabilizou as ações.

Em ação conjunta entre pesquisados (grupo social) e pesquisadores (professores e acadêmicos) definiu-se como tema gerador, por exemplo, no ambiente socioeconômico, urbanismo; no ambiente jurídico, regularização fundiária; e no ambiente de necessidades básicas, educação e saúde.

Não foi fácil e levou tempo para chegar à definição desses temas. Procurou-se seguir os passos citados fazendo os ajustes necessários de replanejamento por meio da análise crítica das ações realizadas ou considerando aquelas que por algum motivo não foram realizadas conforme o planejado. Por tratar-se de uma ação no contexto da extensão universitária, o planejamento das atividades era feito semestralmente.

Após a definição dos temas geradores, cada equipe estabeleceu quais ações deveriam ser realizadas, compondo, assim, os subprojetos daquele que denominamos *Projeto Adrianópolis*.

Nessa fase, reforçamos a importância da realização dos círculos de estudos, cujo objetivo é aprofundar o conhecimento sobre a situação-problema e o respectivo tema gerador. Outro papel dos círculos de estudos é viabilizar que a comunidade, o grupo social ou a organização participe das discussões, compartilhe possíveis soluções e, em grupo, defina aquelas que são viáveis e se adéquam à problemática.

Os círculos de estudos precisam ser dirigidos por um coordenador. O papel do coordenador é instigar os demais participantes a buscar novos conhecimentos, diversificar sua forma de observar e ver a situação-problema e fazer novas descobertas. O coordenador tem a função de:

- organizar as atividades do círculo de estudos;
- coordenar as atividades, proporcionando a participação de todos, por exemplo, definindo tempo para cada um expressar-se;
- contribuir no preparo dos materiais que serão utilizados; para tanto, precisa ter domínio do tema e conhecimento profundo;
- avaliar o desenrolar das atividades e propor ajustes se necessário;
- mediar as situações de divergências e eventuais conflitos;
- registrar ou solicitar ajuda para o registro de posicionamentos, decisões, questionamentos e discussões sobre a necessidade de novos estudos.

Nesse projeto em específico, dada a abrangência da ação no âmbito institucional, tínhamos uma coordenação geral que, na segunda etapa, foi desempenhada por mim, pois, além das atividades administrativas, integrava, sempre que possível, os grupos de pesquisa, os quais, por sua vez, tinham seus respectivos coordenadores e professores extensionistas.

O **momento 3** da pesquisa-ação é a **programação-ação**. Como vimos, o primeiro momento tem como finalidade o agir, no sentido de levantar informações e investigar. O segundo momento é marcado pelo refletir, por comparar as informações teóricas com a percepção sensorial e definir o tema. O terceiro momento é caracterizado pelo agir.

O agir significa construir um projeto coletivo de ação que gere mudanças e transformações nas práticas sociais e políticas vivenciadas até o presente momento. Esse projeto é resultado de todo o processo de construção pessoal edificado pelos integrantes do grupo de pesquisados e pesquisadores ao longo dessa caminhada.

O grupo social foco da pesquisa, após a análise dos problemas, passa a ter a percepção de que há solução para eles e que o próprio grupo pode ser o agente que os resolverá.

A ação pode ter um fim cultural, assistencial, educativo, político, técnico, econômico ou jurídico. Independentemente de sua natureza ou finalidade, porém, é necessário planejar a ação.

Planejar significa definir as estratégias e etapas que devem ser seguidas para, atingir, o objetivo proposto. Após planejar, vem o ato de implementar a ação e, posteriormente, é necessário monitorar e avaliar sua eficácia.

Esse princípio é expresso no ciclo PDCA[2], muito utilizado na área de gestão empresarial com o propósito de melhoria contínua em produtos, processos, serviços e recursos humanos.

Nesse momento, a pesquisa consolida-se como ação, com base na experiência pessoal e no referencial teórico (Duque-Arrazola; Thiollent, 2014). Sugerimos que as ações nesse momento sejam executadas na sequência contemplada na Figura 6.7

---

2   Para saber mais sobre o ciclo PDCA, consulte Walter... (2021) e Vliet (2009).

Figura 6.7 – As quatro fases do momento 3 da pesquisa-ação

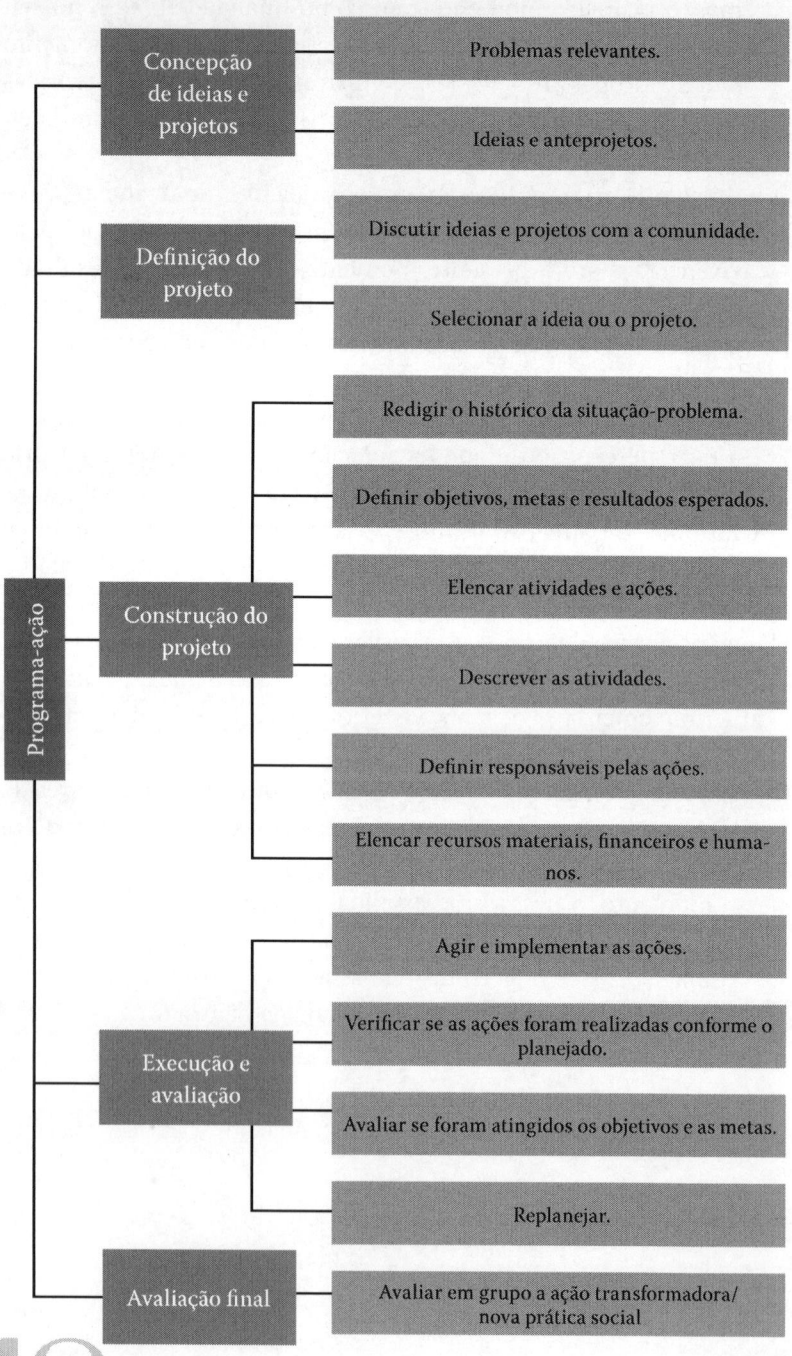

Programa-ação

- **Concepção de ideias e projetos**
  - Problemas relevantes.
  - Ideias e anteprojetos.//

- **Definição do projeto**
  - Discutir ideias e projetos com a comunidade.
  - Selecionar a ideia ou o projeto.

- **Construção do projeto**
  - Redigir o histórico da situação-problema.
  - Definir objetivos, metas e resultados esperados.
  - Elencar atividades e ações.
  - Descrever as atividades.
  - Definir responsáveis pelas ações.
  - Elencar recursos materiais, financeiros e humanos.

- **Execução e avaliação**
  - Agir e implementar as ações.
  - Verificar se as ações foram realizadas conforme o planejado.
  - Avaliar se foram atingidos os objetivos e as metas.
  - Replanejar.

- **Avaliação final**
  - Avaliar em grupo a ação transformadora/nova prática social

A **fase 1 do momento 3** da pesquisa-ação é a **concepção de ideias-projeto**. Essa fase é composta de dois passos:

- **Passo 1** – com base nos estudos desenvolvidos nos círculos de estudos, os quais já se iniciaram no momento anterior, definir os problemas mais relevantes e que tenham prioridade em ser resolvidos.
- **Passo 2** – por intermédio de oficinas, dinâmicas de grupo ou outros recursos didáticos, obter ideias-projeto/anteprojetos que possam vir a ser desenvolvidos e consolidados em projetos.

A **fase 2 do momento 3** da pesquisa-ação é a **definição do projeto**. Esta fase também é composta de dois passos:

- **Passo 1** – apresentar, compartilhar e discutir problemas e alternativas de solução com a comunidade ou em outros grupos sociais que façam parte dela. Para a divulgação das ideias-projeto, utilize recursos audiovisuais a fim de facilitar a compreensão e o entendimento daqueles que estejam participando do processo, principalmente pela primeira vez.
- **Passo 2** – selecionar a ideia-projeto que será transformada em projeto. Todos devem participar desse processo. Essa decisão deve ser tomada no grande grupo e registrada em uma ata.

A **fase 3 do momento 3** da pesquisa-ação é a **construção do projeto**, que pode ser elaborado em meio físico ou eletrônico. Reforçamos que o grupo de pesquisados e pesquisadores deve construir o projeto juntos. Com o intuito de simplificar as ações, propomos os seis passos a seguir:

- **Passo 1** – fazer uma breve introdução explicitando a história do projeto e como se chegou a sua concepção. Deixe bem claro qual é a situação-problema identificada, contextualizando-a em termos históricos, sociais e outros que julgar importante.
- **Passo 2** – definir objetivos, metas e resultados esperados e indicar os prazos para alcançá-los.
- **Passo 3** – identificar as atividades que serão realizadas.
- **Passo 4** – descrever como será desenvolvida a atividade.

- **Passo 5** – elencar quem serão os responsáveis por desenvolver, monitorar e avaliar cada atividade.
- **Passo 6** – listar os recursos materiais, financeiros e humanos necessários para implementar as ações.

Para facilitar, você pode utilizar uma planilha (Figura 6.8).

Figura 6.8 – Planilha utilizada para a construção do projeto

NOME DO PROJETO									
					Recursos necessários				
Ação	Objetivos específicos	Método de trabalho	Atividades	Resultados esperados	Materiais	Humanos	Financeiros	Prazo	Responsáveis

A **fase 4 do momento 3** da pesquisa-ação é a **execução e avaliação**. Essa fase é composta de cinco passos:

- **Passo 1** – executar as atividades planejadas conforme foram definidas no projeto.
- **Passo 2** – verificar se as ações estão acontecendo de acordo com o planejado.
- **Passo 3** – avaliar a eficácia das ações e se os objetivos e as metas estão sendo atingidos como o esperado. Essa avaliação deve ser contínua.
- **Passo 4** – se necessário, replanejar ou fazer adequações que possibilitem atingir os objetivos propostos e solucionar a situação-problema que deu origem ao processo.

- **Passo 5** – avaliação final. É o momento em que a comunidade, o grupo social ou a organização avalia os resultados finais do projeto. A avaliação permite que o grupo de pesquisados e pesquisadores consolide sua percepção sobre seu potencial como agente transformador da realidade social.

O êxito do projeto está em seu potencial de mobilização, integração e participação dos diferentes grupos em prol de uma ação comunitária. O insucesso, se porventura ocorrer, deve proporcionar a reflexão e novas ações.

Anteriormente, dissemos que a sequência metodológica proposta não necessitava seguir um ordenamento cronológico. Assim, alguns passos ocorreram concomitantemente, embora, na descrição, passem a ideia de ter acontecido de modo sequencial.

A construção do projeto contemplou três momentos:

1. **Momento investigativo** – definição dos critérios que delimitaram como unidade específica de atuação o município de Adrianópolis, no estado do Paraná.
2. **Momento de tematização** – definição dos temas geradores por ambiente de atuação: socioeconômico, jurídico e de necessidades básicas. Optamos por apresentar dentro de cada um dos ambientes apenas um tema gerador. Entretanto, no decorrer de aproximadamente cinco anos de trabalho junto ao município, diferentes temas foram identificados.
3. **Momento da programação-ação** – contempla o agir.

A seguir, descreveremos como as ações foram concebidas, desenvolvidas e avaliadas.

No **ambiente socioeconômico**, o tema gerador foi *urbanismo*. Em linhas gerais, urbanismo significa planejar, organizar a cidade visando à relação harmônica entre o espaço natural e antrópico e os seres que o habitam. Uma situação-problema identificada foi a ocupação irregular do solo e o crescimento desordenado. O desafio era gerar alternativas que pudessem solucionar essa situação a curto, médio e longo prazos. Como ação, foi proposta e executada a revisão do plano diretor, o que ocorreu por meio de informações coletadas junto à comunidade, estudos realizados e atendimento à legislação. Todo o processo desenvolveu-se em cerca de dois anos e a redação do documento final foi realizada pelos representantes da universidade. Também houve estudo para remodelação e revitalização da praça central. Foram conduzidos estudos que abrangiam, por exemplo, a análise do relevo e da paisagem. A população participou propondo ideias-projetos, tendo como base a forma como utilizava ou gostaria de utilizar o espaço.

No âmbito da universidade, utilizando as informações obtidas (teóricas e de percepção da comunidade), realizou-se um concurso cujo propósito era elaborar um estudo arquitetônico para a praça municipal. Cinco estudos foram concebidos pelos alunos de Arquitetura e Urbanismo e apresentados para a comunidade e representantes do governo local, os quais escolheram aquele que julgaram mais adequado à cidade. A execução do espaço foi realizada com recursos humanos, materiais e financeiros provenientes da prefeitura local. Essa ação desenrolou-se durante dezoito meses.

No contexto do comércio local, detectou-se que a maioria dos estabelecimentos não tinha uma identidade visual, o que incomodava os comerciantes e a comunidade. Dessa forma, criou-se uma proposta de identidade visual para dezesseis estabelecimentos. Em paralelo, os estabelecimentos que atuavam na área de alimentação também foram beneficiados com orientações para melhoria do leiaute, oficinas de manipulação e preparo de alimentos, passando a atuar conforme as normas da Agência Nacional de Vigilância Sanitária (Anvisa). Foram ações simples, realizadas em curto prazo (cerca de doze meses), mas que surtiram um efeito muito positivo na autoestima dos comerciantes e da população em geral. Os recursos materiais e financeiros para inserção da identidade visual e adequação às normas sanitárias foram provenientes dos próprios comerciantes.

No **ambiente jurídico**, a principal situação-problema identificada estava vinculada à presença de habitações residenciais e comerciais estabelecidas em áreas irregulares ou cujos proprietários não tinham o título de posse, como no bairro denominado Villa Bela. Nesse sentido, foram realizados mutirões para levantamento topográfico planimétrico das áreas dos domicílios visando mapear os limites dos terrenos e, futuramente, subsidiar o processo de regularização fundiária. Outras situações-problema vinculadas, por exemplo, a descarte e tratamento de resíduos sólidos, saneamento básico e poluição também foram identificadas e integraram o escopo do projeto.

No **ambiente de necessidades básicas**, foram priorizadas as áreas de educação e saúde. Em razão da abrangência dessas áreas e das situações-problema levantadas, foram definidos como temas geradores, respectivamente, ensino-aprendizagem e educação em saúde.

No contexto da área educacional, a situação-problema detectada pelos professores e representantes da Secretaria de Educação estava relacionada ao baixo desempenho dos alunos no processo de aprendizagem. Os dados observados pela equipe de pesquisadores traduziram-se em preocupação e em percepção da necessidade urgente de mobilização.

Era preciso agir com rapidez. A primeira ação concretizada foi viabilizar o estabelecimento de uma parceria entre prefeitura e editora para fornecimento de material didático aos seiscentos alunos matriculados na Rede Municipal de Educação no Ensino Fundamental I por um período de cinco anos (2015-2020). Esse período foi definido considerando os alunos que estariam iniciando o ciclo.

No entanto, os próprios professores relataram e apresentaram como situação-problema a necessidade de reciclagem e formação continuada. Dessa forma, a editora disponibilizou aos professores assessoria pedagógica tanto por meio *on-line* quanto por meio de oficinas a serem realizadas no próprio município ou em Curitiba. O único custo do município seria com o transporte dos professores até o local das oficinas. A assessoria e as oficinas, a princípio, também estavam previstas por um período de cinco anos.

Em paralelo, outra ação desenvolvida foi chamada de "Descoberta: o que fazem os bons professores?". A equipe de pesquisadores da IES, formada por pedagogos, biólogos, educadores físicos, entre outros profissionais, disponibilizou-se a realizar oficinas técnicas que abordassem conteúdos vinculados às áreas de linguagem, letramento, desenvolvimento do raciocínio lógico-matemático, ciências da natureza, educação física escolar, bem como conteúdos motivacionais. No decorrer do processo, foram disponibilizadas outras oficinas, como produção de vídeo e fotos com fins educativos usando celular. Todos os recursos necessários para as oficinas, a equipe técnica, os materiais e as refeições, quando as ações ocorreram no *campus* da instituição, foram disponibilizados pela IES.

Uma situação-problema identificada ao longo das oficinas era quanto ao relacionamento interpessoal no âmbito das unidades escolares e secretarias. Dessa forma, foram viabilizadas oficinas com foco em gestão de pessoas e resolução de conflitos, as quais eram preparadas e conduzidas por professores e acadêmicos do curso de Psicologia.

Em relação aos educandos, identificou-se a necessidade de promover atividades recreativas e rodas de conversa abordando assuntos como sexualidade na pré-adolescência, uso indevido de drogas lícitas e ilícitas, descarte de resíduos sólidos e compostagem, entre outros temas. Também foram disponibilizadas oficinas de fotografia e produção de vídeo para os jovens do município.

As ações surtiram efeitos positivos no processo de ensino-aprendizagem e refletiram no Ideb, cujos valores registrados foram de 5,7 em 2017 e 6,7 em 2019 superando as metas previamente estabelecidas. Mais importante que o valor registrado foram as mudanças que ocorreram nos processos de ensinar e aprender, conforme relatado pelos próprios professores e educandos em diferentes ocasiões.

No contexto da saúde, as situações-problema citadas e percebidas pela comunidade estavam vinculadas, principalmente, à falta de prevenção decorrente, por exemplo, da ausência de bons hábitos alimentares, atividades físicas, exames preventivos e hábitos de higiene.

As ações a serem realizadas deveriam ser voltadas à educação em saúde, o que abrangia a realização de momentos de aprendizagem por intermédio de oficinas, rodas de conversa, brincadeiras, jogos e músicas.

As oficinas abordaram os seguintes assuntos: pé diabético, orientação nutricional, relacionamento interpessoal, cuidados com a pele, cuidados pessoais, saúde e meio ambiente, saúde do idoso e saúde do adolescente.

Nessas oficinas, eram realizadas ações de monitoramento e orientação, como aferição da pressão arterial, teste de glicemia, repassadas técnicas de escovação dos dentes e uso de fio dental e orientações sobre alimentação saudável. Alguns casos identificados nesses encontros e que necessitavam foram encaminhados para atendimento especializado, como tratamento odontológico de canal na clínica da IES.

As atividades em educação em saúde aconteceram, geralmente, aos sábados, das 10 horas da manhã às 16 horas da tarde, semestralmente, nas instalações de uma unidade escolar localizada na área central do município, com a participação da comunidade em geral. Os recursos humanos e os materiais necessários para as atividades eram disponibilizados pela IES ou pela equipe de pesquisadores. Representantes da Secretaria de Educação auxiliavam nas atividades, na logística para sua realização, na convocação e recepção da comunidade e no preparo do local e da alimentação para os pesquisadores e as crianças.

Uma situação-problema que afligia a população em geral e que foi manifestada em diferentes momentos era quanto à inexistência de um local para estabilização e posterior encaminhamento de pacientes em situação de risco de vida, até que estes pudessem ser encaminhados para um hospital em Curitiba ou outra cidade da região metropolitana. Dessa forma, a equipe de pesquisadores dos cursos de Arquitetura, Engenharia Civil, Medicina e Enfermagem compartilhou informações técnicas e obtidas junto à comunidade, permitindo a elaboração de um estudo arquitetônico para reforma, ampliação e implementação de uma sala de estabilização na unidade de saúde existente na área central do município. Foram concebidas três propostas, as quais foram apresentadas tanto na esfera governamental quanto para a população a fim de escolher aquela que melhor se adequasse ao município.

Para que a prefeitura pudesse viabilizar a implementação da proposta, buscou-se auxílio financeiro por intermédio de uma emenda parlamentar na esfera federal. Em razão do porte e de outros critérios definidos pelo Ministério da Saúde, o município não comporta a instalação de um hospital a ser mantido com recursos públicos – estadual ou federal. E, por causa da sinuosidade da estrada que liga o município à capital do estado, o percurso de 135 quilômetros é feito em cerca de 3 horas, o que, muitas vezes, inviabiliza o atendimento médico a tempo de salvar uma vida. Assim, a melhor opção era efetivamente obter recursos para a sala de estabilização e o Serviço de Atendimento Móvel de Urgência (Samu).

Para monitorar e avaliar as ações, foram estabelecidos indicadores, isto é, parâmetros que indicam se os resultados esperados de um projeto foram ou não atingidos de acordo com objetivos, metas, recursos e prazos previamente estipulados. É importante destacar que, como o próprio nome diz, eles indicam, mas não são a própria realidade. Definiu-se um conjunto de indicadores quantitativos (voltados aos processos traduzíveis em termos numéricos) e qualitativos (relacionados a processos em que é preferível utilizar referências de grandeza, intensidade ou estado, como forte/fraco, amplo/restrito, frágil/estruturado, ágil/lento, satisfatório/insatisfatório).

A eficiência, a eficácia, a efetividade e o impacto do projeto também podem e devem ser avaliados. Segundo Valarelli (2001):

- A **eficiência** diz respeito à boa utilização dos recursos (financeiros, materiais e humanos) em relação às atividades e aos resultados atingidos. Por exemplo, atividades planejadas × realizadas; custo total × pessoas atingidas; quantidade de cursos × pessoas capacitadas;
- A **eficácia** observa se as ações do projeto permitiram alcançar os resultados previstos, se o programa de capacitação permitiu aos participantes adquirir novas habilidades e conhecimentos e se a criação de uma cooperativa realmente implicou em melhorias na produção e comercialização de produtos;

- A **efetividade** examina em que medida os resultados do projeto, em termos de benefícios ou mudanças geradas, estão incorporados de modo permanente à realidade da população atingida. Por exemplo, se um grupo mantém no tempo novos comportamentos e atitudes ou se a assessoria a um grupo permitiu que ele se mantenha por iniciativa e motivação próprias;
- O **impacto** diz respeito às mudanças em outras áreas não diretamente trabalhadas pelo projeto (temas, aspectos, públicos, localidades e organizações) em virtude de seus resultados, demonstrando seu poder de influência e irradiação. Por exemplo, se um programa de orientação de saúde gerou na população ações de reivindicação e negociação com a prefeitura para obras de saneamento básico na comunidade; se o trabalho junto a um grupo portador de deficiência animou-os a se organizar e provocou mudanças no comportamento da comunidade em relação a eles; e se os resultados positivos de um programa de capacitação de empreendedores fizeram com que o modelo fosse adotado e reproduzido.

Como exemplos de indicadores qualitativos utilizados, podemos citar:

- Em relação à formação contínua e à capacitação:
  - **Indicador 1** – as oficinas ofertadas aos professores da rede municipal de educação contribuíram para que os envolvidos conhecessem melhor as atividades e os processos de sua área de atuação. Facilitaram a realização das atividades e a introdução de novas tarefas ou processos em suas atividades pedagógicas;
  - **Indicador 2** – relacionamento interpessoal (voltado para o grupo de pesquisadores). Os acadêmicos tratam o público-alvo com respeito, simpatia e presteza, independentemente do nível social, do cargo ou da função. Demonstram paciência e respeito à diversidade (crenças, ritmo de trabalho, forma de pensar) e colocam-se no lugar do outro.

Como exemplos de indicadores quantitativos utilizados, podemos mencionar:

- Em relação à formação contínua e à capacitação: aprimoramento técnico de 100% dos professores da Rede Municipal de Educação, grupo foco do projeto.
  - **Indicador 1** – número de oficinas de capacitação-formação ofertadas por ano;
  - **Indicador 2** – número de participantes por oficina;
  - **Indicador 3** – temas abordados por oficina.
- Em relação aos eventos realizados: feiras, exposições, simpósios e outros, conforme demanda.
  - **Indicador 1** – número de eventos realizados;
  - **Indicador 2** – número de público direto e indireto atingido.

Com base na avaliação semestral, dava-se continuidade às ações no semestre seguinte. Sempre que necessário, em comum acordo entre pesquisados e pesquisadores, as ações eram revistas e adequadas às necessidades locais.

Outro fato marcante foi a publicidade, isto é, tornar público o conhecimento gerado e adquirido. Tivemos a oportunidade de compartilhar esse conhecimento por meio de documentários e reportagens a nível estadual e nacional, por exemplo, por meio do Canal Futura. Diversos trabalhos de conclusão de curso e outros também foram compartilhados com a comunidade e todas as ações eram discutidas, definidas e realizadas com a participação da comunidade local.

Por meio dos diferentes depoimentos que pudemos captar ao longo do processo, direta e indiretamente, constatamos no olhar e na expressão dos acadêmicos envolvidos (mais de mil alunos) gratidão e enriquecimento pessoal e profissional pela oportunidade de vivenciar a operacionalização teoria-prática, saber acadêmico-saber popular, aprender a aprender. Os professores extensionistas embasados no ato agir-refletir-agir exercitaram no dia a dia o repensar a forma de conduzir as atividades pedagógicas e compartilharam sua experiência entre si e com a comunidade, em um processo de cooperação e integração.

Se retornarmos à hipótese inicial, podemos afirmar: sim, é possível vivenciar a cidadania, agir com autonomia, identificar situações-problema, propor, planejar e executar ações que contribuam para a transformação social na busca por uma sociedade mais justa e igualitária.

Segundo os governantes, a parceria com a IES proporcionou ao município oportunidades de suprir carências que historicamente se perpetuavam, principalmente em termos de identificar demandas com clareza e objetividade, propor soluções e encontrar caminhos para viabilizar a execução das soluções propostas.

Em relação ao grupo de profissionais vinculados à secretaria, notou-se a satisfação, e os indicadores qualitativos utilizados permitiram constatar que, independentemente do cansaço físico provocado pela distância do deslocamento para participar das atividades, os profissionais sentiam alegria por ter a oportunidade de adquirir novos conhecimentos e constatar que sabiam muito e tinham muito a ensinar. A resistência ao novo, inicialmente, fez-se presente. Porém, pouco a pouco, traduziu-se na quebra de paradigmas e na abertura de novas janelas na arte de aprender a aprender. Em relação às oficinas de gestão de pessoas e resolução de conflitos, 95% dos participantes demonstraram estar satisfeitos com a oportunidade e reconheceram o quanto elas estavam auxiliando-os no dia a dia.

As merendeiras e os representantes dos bares e restaurantes sentiram-se beneficiados e mais aptos a executar suas atividades após o treinamento realizado, pois compreenderam a importância do atendimento às exigências legais e, principalmente, o quanto, por intermédio de sua atividade, podem contribuir para a segurança alimentar e a saúde da população local. Diversos relatos comprovaram que eles sentiram-se mais valorizados.

Quanto à hipótese vinculada à comunidade, podemos inferir que a população, em geral, passou a usufruir dos benefícios desse processo e sentiu-se estimulada a sair de expectadora e passar a protagonista de sua história. A pesquisa-ação, portanto, só se concretiza quando contribui para uma ação social.

Para saber mais

HAMMAD, S.; ALUNNI, A.; ALKHAS, T. Reflections on the Potential (and Limits) of Action Research as Ethos, Methodology and Practice: A Case Study of a Women's Empowerment Programme in the Middle East. **Action Research**, v. 17, n. 2, p. 162-185, 2018. Disponível em: <https://journals.sagepub.com/doi/pdf/10.1177/1476750318759778>. Acesso em: 22 jan. 2021.

Diferentes trabalhos relatam experiências com diversas modalidades de pesquisa-ação, e essa sugestão de leitura pode enriquecer seu conhecimento.

Síntese

Neste capítulo, vimos as modalidades de pesquisa-ação, baseando-nos em dois autores. No entanto, na literatura pertinente à área, é possível encontrar outras terminologias.

Evidenciamos que a flexibilidade e o dinamismo são características que marcam o processo. Um projeto cujo início estava internamente na esfera organizacional, por exemplo, em uma unidade educacional, pode ser replicado a outras instituições e contribuir na formulação de uma política pública.

Explicitamos que um dos princípios norteadores da pesquisa-ação é agir-refletir-agir e que, a cada passo, o caminho a ser seguido no passo seguinte é definido. Compreendemos que a pesquisa-ação só se concretiza quando contribui para uma ação social e analisamos suas modalidades, sua metodologia e suas etapas.

Atividades de autoavaliação

1. Analise as afirmações a seguir sobre o uso da pesquisa-ação como recurso metodológico e marque V para as verdadeiras e F para as falsas:

( ) É um recurso metodológico que favorece o agir individual, no sentido de que o pesquisador é o detentor do conhecimento gerado.
( ) Os resultados gerados devem trazer benefícios unicamente ao grupo de pesquisadores, pois eles conduziram as ações.
( ) Os pesquisadores e pesquisados são protagonistas do processo.
( ) Todos são protagonistas em um processo participativo e colaborativo cujas soluções geram novas práticas sociais ou aprimoramento das preexistentes.

Agora, assinale a alternativa que contém a sequência correta:

a) V, F, V, V.
b) F, V, F, V.
c) F, F, V, V.
d) V, F, F, V.
e) F, F, F, V.

2. Relacione os termos que compõem a tríade investigação-ação-participativa aos conceitos a que cada um deles faz referência:
1) Investigação
2) Ação
3) Participativa

( ) Os pesquisadores e os pesquisados são sujeitos ativos no processo de pesquisa.
( ) Sinônimo de pesquisar.
( ) Agir, intervir na realidade em estudo.
( ) Refletir, sistematizar, analisar criticamente para conhecer, por exemplo, uma fato ou uma prática social.
( ) Protagonizar em conjunto, pesquisador e pesquisados, ações transformadoras no contexto social.

Agora, assinale a alternativa que contém a sequência correta:

a) 1, 2, 3, 3, 1.
b) 3, 3, 1, 2, 1.
c) 1, 3, 3, 1, 2.
d) 2, 2, 3, 3, 1.
e) 3, 1, 2, 1, 3.

3. Como vimos, é importante agir com clareza e objetividade tanto na definição da finalidade da pesquisa que se pretende realizar como na execução das ações. Segundo Tripp (2005), é possível realizar os seguintes tipos de pesquisa:

   I) Técnica, prática e emancipatória.
   II) Política e socialmente crítica.
   III) Colaborativa, crítica e estratégica.
   IV) Colaborativa, técnica e prática.
   V) Emancipatória, socialmente crítica e colaborativa.

   Está correto o que se afirma em:

   a) I, II, III, IV e V.
   b) I, II, III e IV.
   c) I, III e V.
   d) I e II.
   e) IV e V.

4. Analise as afirmativas sobre as ações da fase preliminar da pesquisa-ação e marque V para as verdadeiras e F para as falsas:

   ( ) Compor o grupo de pesquisadores.
   ( ) O grupo de pesquisadores não necessita ser multidisciplinar nem trabalhar de modo interdisciplinar, pois as ações acontecem sempre isoladamente.
   ( ) A equipe de pesquisadores não requer habilidades e competências específicas para atuar com esse procedimento metodológico.

( ) O procedimento adequa-se a qualquer realidade, independentemente da vontade ou do desejo do grupo social foco do projeto.

( ) Investidores e financiadores necessitam conhecer a metodologia e estar cientes do tempo que a pesquisa demanda para ser desenvolvida.

Agora, assinale a alternativa que contém a sequência correta:

a) V, V, V, V, V.
b) V, V, V, F, F.
c) F, F, V, V, V.
d) F, V, V, F, F.
e) V, F, F, F, V.

5. De acordo com Bosco Pinto, a pesquisa-ação compreende três momentos. Quais são eles?

a) Investigativo, tematização e programação-ação.
b) Pesquisa-ação, programação e tematização.
c) Ação transformadora, conhecimento e referencial teórico.
d) Referencial teórico, tematização e programação-ação.
e) Investigativo, referencial teórico e programação-ação.

Atividades de aprendizagem

Questões para reflexão

1. Cite similaridades e diferenças entre os tipos de pesquisa-ação propostos por Tripp (2005) e Franco (2005).

2. Busque na internet projetos e pesquisas que utilizaram os princípios da pesquisa-ação. Com base nos critérios estabelecidos por Tripp (2005) e Franco (2005), identifique o tipo de pesquisa que foi realizada.

Atividade aplicada: prática

1. O mapa conceitual é uma ferramenta que auxilia na organização e fixação do conhecimento. Ele é estruturado em formato de organograma, isto é, caixas nas quais estão palavras-chave (conceitos) e linhas que representam as conexões que há entre essas palavras (conceitos). Esse recurso pode auxiliar em uma visão mais simplificada das relações, na detecção de pontos fortes, oportunidades, fraquezas e ameaças e propor soluções. O desafio que propomos a você é construir um mapa conceitual sobre a metodologia da pesquisa-ação. Não há mapa conceitual certo ou errado, ele representa seu processo de aprendizagem até o momento. Futuramente, você poderá revisá-lo e fazer as alterações que considerar necessárias. Mãos à obra!

Considerações finais

Este material foi estruturado em duas etapas. Na primeira, trabalhamos com a fundamentação teórica que compõe o processo metodológico em questão; na segunda, exemplificamos a pesquisa-ação.

Ao chegarmos ao final da caminhada proposta, esperamos ter deixado claro para você, leitor, que o processo metodológico usado como referencial parte da identificação de uma prática (situação-problema) que necessita de aprimoramento ou transformação. As ações desenrolam-se em uma espiral cíclica ascendente: investigar – planejar – agir – refletir – avaliar – replanejar.

O pesquisador sempre atua em equipe, em conjunto com o grupo de pesquisados, de modo dialógico, crítico e reflexivo, gerando novos conhecimentos e, consequentemente, novas práticas políticas e sociais. Tais práticas visam promover a emancipação humana e o desenvolvimento local, o que resulta em transformações também nas esferas econômica, política, social e ambiental.

Compartilhamos a experiência vivenciada no Projeto Adrianópolis, o qual só se tornou real porque teve o apoio institucional e a participação de diferentes atores sociais. Outro ponto fundamental no projeto apresentado foi a parceria estabelecida com os representantes da Prefeitura de Adrianópolis e a população local. Sem essa parceria, nada seria possível.

Nosso propósito como educadores e cidadãos sempre foi contribuir para a melhoria da autoestima, da confiança e da crença nos potenciais humanos que cada um possui e, assim, em conjunto, agir em prol daqueles que precisam de um estímulo para iniciar sua caminhada rumo à construção de uma sociedade mais ética e justa.

Um legado desse processo foi o governo estadual em exercício optar por usar o trabalho para subsidiar ações em outros municípios do estado do Paraná. Reiteramos, aqui, a gratidão a todos os envolvidos nessa caminhada – universidade, governo municipal e comunidade – por terem compartilhado e participado desse momento.

A você, leitor, recomendo não se privar de participar de novos desafios, de conhecer novos lugares, novas pessoas e de ter novas oportunidades. Vá em frente e boa caminhada!

Referências

ADELMAN, C. Kurt Lewin and the Origins of Action Research. **Educational Action Research**, v. 1, n. 1, p. 7-24, 1993. Disponível em: <https://www.tandfonline.com/doi/pdf/10.1080/0965079930010102?needAccess=true>. Acesso em: 26 jan. 2021.

ALMEIDA, A. M. de O.; SANTOS, M. de F. S.; TRINDADE, Z. A. Representações e práticas sociais: contribuições teóricas e dificuldades metodológicas. **Temas em Psicologia**, Ribeirão Preto, v. 8, n. 3, p. 257-267, dez. 2000. Disponível em: <http://pepsic.bvsalud.org/scielo.php?script=sci_arttext&pid=S1413-389X2000000300005>. Acesso em: 25 jan. 2021.

ANDER-EGG, E. **Repensando la investigación-acción-participativa**: comentarios, críticas y sugerencias. México: El Ateneo, 1990.

BALDISSERA, A. Pesquisa-ação: uma metodologia do "conhecer" e do "agir" coletivo. **Sociedade em Debate**, Pelotas, v. 7, n. 2, p. 5-25, ago. 2001. Disponível em: <https://rle.ucpel.tche.br/rsd/article/view/570/510>. Acesso em: 26 jan. 2021.

BARBIER, R. **A pesquisa-ação**. Tradução de Lucie Didio. Brasília: Liber Livros, 2007.

BURNES, B. Kurt Lewin and the Planned Approach to Change: a Re-appraisal. **Journal of Management Studies**, v. 41, n. 6, p. 977-1002, Sep. 2004. Disponível em: <https://onlinelibrary.wiley.com/doi/pdf/10.1111/j.1467-6486.2004.00463.x>. Acesso em: 25 jan. 2021.

BURNES, B.; BARGAL, D. Kurt Lewin: 70 Years on. **Journal of Change Management**, v. 17, n. 2, p. 91-100, Mar. 2017. Disponível em: <https://www.tandfonline.com/doi/abs/10.1080/14697017.2017.1299371?journalCode=rjcm20>. Acesso em: 25 jan. 2021.

COHEN, E.; FRANCO, R. **Avaliação de projetos sociais**. Petrópolis: Vozes, 1993.

COOKE, B. (Ed.). A Foundation Correspondence on Action Research: Ronald Lippitt and John Collier. **Global Development Institute**, University of Manchester, p. 1-41. Disponível em: <https://www.gdi.manchester.ac.uk/research/publications/working-paper-archive/mid/mid-wp6/>. Acesso em: 26 jan. 2021.

COSENTINO, M. C.; MASSIMI, M. A experiência de autores judeus da psicologia sobreviventes do Holocausto. **Estudos e Pesquisas em Psicologia**, Rio de Janeiro, v. 12, n. 3, p. 1046-1062, set./ dez. 2012. Disponível em: <https://www.redalyc.org/pdf/4518/451844639020.pdf>. Acesso em: 26 jan. 2021.

DIAS, I. S. Competências em educação: conceito e significado pedagógico. **Revista Semestral da Associação Brasileira de Psicologia Escolar e Educacional**, Campinas, v. 14, n. 1, p. 73-78, jan. /jun. 2010. Disponível em: <https://doi.org/10.1590/S1413-85572010000100008>. Acesso em: 27 jan. 2021.

DIAS, R.; MATOS, F. **Políticas públicas**: princípios, propósitos e processos. São Paulo: Atlas, 2012.

DUQUE-ARRAZOLA, L. S. Apresentação. In: DUQUE-ARRAZOLA, L. S.; THIOLLENT, M. J. (Org.). **João Bosco Guedes Pinto**: metodologia, teoria do conhecimento e pesquisa-ação. Belém: Instituto de Ciências Sociais Aplicadas; UFPA, 2014. p. 1-27.

DUQUE-ARRAZOLA, L. S.; THIOLLENT, M. J. (Org.). **João Bosco Guedes Pinto**: metodologia, teoria do conhecimento e pesquisa-ação. Belém: Instituto de Ciências Sociais Aplicadas; UFPA, 2014.

DURKHEIM, É. **As regras do método sociológico**. Tradução de Maria Isaura Pereira de Queiroz. 10. ed. São Paulo: Companhia Editora Nacional, 1982. (Série Biblioteca Universitária).

EMPATIA. In: **Dicio** – Dicionário Online de Português. Disponível em: <https://www.dicio.com.br/empatia/>. Acesso em: 25 jan. 2021.

FALKEMBACH, E. M. F. Diário de campo: um instrumento de reflexão. **Contexto e Educação**, v. 2, n. 7, p. 19-24, 1987. Disponível em: <http://www.unirio.br/cchs/ess/Members/silvana.marinho/disciplina-instrumentos-e-tecnicas-de-intervencao/unid-2-instrumentos-de-conhecimento-intervencao-e-registro/texto-7-falkembach-elza-maria-fonseca-diario-de-campo-um-instrumento-de-reflexao-in-contexto-e-educacao-no-7-jui-inijui-1987/view>. Acesso em: 27 jan. 2021.

FRANCO, M. A. S. Pedagogia da pesquisa-ação. **Educação e Pesquisa**, São Paulo, v. 31, n. 3, p. 483-502, set./dez. 2005. Disponível em: <http://www.scielo.br/pdf/ep/v31n3/a11v31n3.pdf>. Acesso em: 26 jan. 2021.

FREIRE, A. M. A. A voz da esposa: a trajetória de Paulo Freire. In: GADOTTI, M. (Org.). **Paulo Freire**: uma biobibliografia. São Paulo: Cortez, 1996. p. 27-67.

FURTADO, J. R. (Org.). **Mobilização comunitária para a redução de riscos de desastres**. Florianópolis: Ceped UFSC, 2015.

GADOTTI, M. A voz do biógrafo brasileiro: a prática à altura do sonho. In: GADOTTI, M. (Org.). **Paulo Freire**: uma biobibliografia. São Paulo: Cortez, 1996. p. 69-115.

GASPARIN, J. L. **Uma didática para a pedagogia histórico-crítica**. 2. ed. Campinas: Autores Associados, 2003. (Coleção Educação Contemporânea).

HUANG, H. B. What is Good Action Research? Why the Resurgent Interest? **Action Research**, v. 8, n. 1, p. 93-109, 2010. Disponível em: <https://actionresearchplus.com/wp-content/uploads/2015/01/Action-Research-2010-Bradbury.pdf>. Acesso em: 27 jan. 2021.

IBGE – Instituto Brasileiro de Geografia e Estatística. **IBGE Cidades**. 2010. Disponível em: <https://cidades.ibge.gov.br/brasil/pr/adrianopolis/pesquisa/37/30255>. Acesso em: 27 jan. 2021.

IPARDES – Instituto Paranaense de Desenvolvimento Econômico e Social. **Caderno estatístico**: município de Adrianópolis. Curitiba: Ipardes, 2021. Disponível em: <http://www.ipardes.gov.br/cadernos/MontaCadPdf1.php?Municipio=83490&btOk=ok>. Acesso em: 27 jan. 2021.

LAYRARGUES, P. P. Do ecodesenvolvimento ao desenvolvimento sustentável: evolução de um conceito? **Proposta**, Rio de Janeiro, n. 71, ano 25, p. 5-10, dez./fev. 1997. Disponível em: <https://fase.org.br/wp-content/uploads/2016/06/Proposta-Revista-Trimestral-de-Debate-da-Fase-n%C2%BA-71-1997-02.pdf>. Acesso em: 3 fev. 2021.

LENARDÃO, E. **O clientelismo político no Brasil contemporâneo**: algumas razões de sua sobrevivência. 181 f. Tese (Doutorado em Ciências Sociais) – Faculdade de Ciências e Letras, Universidade Estadual Paulista, São Paulo, 2006. Disponível em: <http://hdl.handle.net/11449/106281>. Acesso em: 25 jan. 2021.

MAFFESOLI, M. Os que têm o poder continuam nos velhos caminhos modernos, diz Michel Maffesoli. **Folha de S.Paulo**, São Paulo, 23 dez. 2019. Folha Ilustrada. Entrevista. Disponível em: <https://www1.folha.uol.com.br/ilustrada/2019/12/os-que-tem-o-poder-continuam-nos-velhos-caminhos-modernos.shtml>. Acesso em: 25 jan. 2021.

MAGNANI, J. G. C. Tribos urbanas: metáfora ou categoria? **Cadernos de Campo**, São Paulo, v. 2, n. 2, p. 48-51, 1992. Disponível em: <https://www.revistas.usp.br/cadernosdecampo/article/view/40303>. Acesso em: 25 jan. 2021.

MAKSIMOVIĆ, J. Historical Development of Action Research in Social Sciences. **Facta Universitatis**, v. 9, n. 1, p. 119-124, 2010. Disponível em: <http://facta.junis.ni.ac.rs/pas/pas2010/pas2010-10.pdf>. Acesso em: 26 jan. 2021.

MARTINS, V. Unindo práticas políticas e processos educacionais, a militância de mulheres do MTST é objeto de estudo na Faculdade de Educação. **Agência Universitária de Notícias**, 12 jun. 2017. Disponível em: <https://paineira.usp.br/aun/index.php/2017/06/12/unindo-praticas-politicas-e-processos-educacionais-a-militancia-de-mulheres-do-mtst-e-objeto-de-estudo-na-faculdade-de-educacao>. Acesso em: 25 jan. 2021.

MARX, K. Teses sobre Feuerbach. Tradução de Álvaro Pina. **Marxists' Internet Archive**, 25 jul. 2000. Disponível em: <https://www.marxists.org/portugues/marx/1845/tesfeuer.htm>. Acesso em: 25 jan. 2021.

MELO, A. S. E. de; MAIA FILHO, O. N.; CHAVES, H. V. Lewin e a pesquisa-ação: gênese, aplicação e finalidade. **Fractal: Revista de Psicologia**, Rio de Janeiro, v. 28, n. 1, p. 153-159, jan./abr. 2016. Disponível em: <http://www.scielo.br/scielo.php?script=sci_arttext&pid=S1984-02922016000100153&lng=pt&nrm=iso>. Acesso em: 26 jan. 2021.

PAULA, J. A. de. A extensão universitária: história, conceito e propostas. **Interfaces**, Belo Horizonte, v. 1, n. 1, p. 5-23, jul./nov. 2013. Disponível em: <https://periodicos.ufmg.br/index.php/revistainterfaces/article/view/18930/15904>. Acesso em: 27 jan. 2021.

POLLARD, R. (Org.). **Ronald Lippitt Papers**: 1938-1987. Michigan: Bentley Historical Library; University of Michigan, 2000. Disponível em: <https://quod.lib.umich.edu/b/bhlead/umich-bhl-0081?view=text#Biography>. Acesso em: 26 jan. 2021.

SÉRGIO. Direção: Greg Barker. EUA: Netflix, 2020. 118 min.

SMITH, M. K. Kurt Lewin, Groups, Experiential Learning and Action Research. **The Encyclopedia of Pedagogy and Informal Education**, June 2001. Disponível em: <http://www.infed.org/thinkers/et-lewin.htm>. Acesso em: 26 jan. 2021.

SOUZA, E. C. L. de; LUCAS, C. C.; TORRES, C. V. Práticas sociais, cultura e inovação: três conceitos associados. **Revista** de Administração FACES Journal**, Belo Horizonte, v. 11, n. 2, p. 210-230, abr./jun. 2011. Disponível em: <http://www.spell.org.br/documentos/ver/3143/praticas-sociais--cultura-e-inovacao--tres-conceitos-associados>. Acesso em: 25 jan. 2021.

TANAJURA, L. L. C.; BEZERRA, A. A. C. Pesquisa-ação sob a ótica de René Barbier e Michel Thiollent: aproximações e especificidades metodológicas. **Revista Eletrônica Pesquiseduca**, Santos, v. 7, n. 13, p. 10-23, jan./jun. 2015 Disponível em: <http://periodicos.unisantos.br/index.php/pesquiseduca/article/view/408/pdf>. Acesso em: 27 jan. 2021.

THIOLLENT, M. Preservar a memória da obra de João Bosco Guedes Pinto: resgate de uma obra. In: DUQUE-ARRAZOLA, L. S.; THIOLLENT, M. (Org.). **João Bosco Guedes Pinto**: metodologia, teoria do conhecimento e pesquisa-ação. Belém: Instituto de Ciências Sociais Aplicadas; UFPA, 2014. p. 28-36.

THIOLLENT, M. **Metodologia da pesquisa-ação**. 17. ed. São Paulo: Cortez, 2009.

TREZZA, M. C. A. F.; SANTOS, R. M. dos; LEITE, J. L. Enfermagem como prática social: um exercício de reflexão. **Revista Brasileira de Enfermagem**, Brasília, v. 61, n. 6, p. 904-908, nov./dez. 2008. Disponível em: <http://www.scielo.br/scielo.php?script=sci_arttext&pid=S0034-71672008000600019&lng=en&nrm=iso>. Acesso em: 25 jan. 2021.

TRIPP, D. Pesquisa-ação: uma introdução metodológica. **Educação e Pesquisa**, São Paulo, v. 31, n. 3, p. 443-466, set./dez. 2005. Disponível em: <https://www.scielo.br/pdf/ep/v31n3/a09v31n3.pdf>. Acesso em: 26 jan. 2021.

VALARELLI, L. L. **Indicadores de resultados de projetos sociais**. Disponível em: <https://www.fcm.unicamp.br/fcm/sites/default/files/valarelli_indicadores_de_resultados_de_projetos_sociais.pdf>. Acesso em: 27 jan. 2021.

VLIET, V. V. William Edwards Deming. **ToolsHero**, 2009. Disponível em: <https://www.toolshero.com/toolsheroes/william-edwards-deming/>. Acesso em: 27 jan. 2021.

WALTER Shewhart – The Grandfather of Total Quality Management. **SkyMark**. Disponível em: <https://www.skymark.com/resources/leaders/shewart.asp>. Acesso em: 27 jan. 2021.

Respostas

Capítulo 1

Atividades de autoavaliação
1. c
2. d
3. a
4. b
5. e

Atividades de aprendizagem

Questões para reflexão
1. Sim, as imagens podem representar uma tribo ou comunidade urbana segundo os conceitos apresentados por Magnani (1992) e Maffesoli (2019), pois ambas retratam grupos de seres humanos que se vestem do mesmo modo, tem uma linguagem própria e praticam uma modalidade esportiva.

2. Com base na imagem, possíveis semelhanças e diferenças são:

Semelhanças	Ambos os grupos vivem no ambiente urbano.	Cada um tem seu modo peculiar de se vestir.	Estabelecem códigos de comunicação entre si.
Diferenças	Aparentemente, o grupo de surfistas prefere atividades em regiões litorâneas, já os skatistas desenvolvem suas atividades em qualquer região.	Ambos os grupos gostam de realizar manobras radicais, mas os surfistas o fazem no mar, e os skatistas, na terra.	A vestimenta de cada grupo é distinta, embora seja muito semelhante dentro do próprio grupo.

3. Resposta pessoal.

Capítulo 2

Atividades de autoavaliação
1. a
2. d
3. e
4. a
5. b

Atividades de aprendizagem

Questões para reflexão
1. Lewin teve a oportunidade de trabalhar com grupos de imigrantes, mulheres, afrodescendentes, adolescentes, entre outros. Seu ideal era que esses grupos estreitassem os laços de cooperação no próprio grupo e com outros que também eram oprimidos e excluídos. Em sua visão, o fortalecimento do grupo propicia independência e obtenção de direitos.
2. As etapas compreendem: identificar uma situação-problema, rotinas e padrões de comportamento que afligem o grupo; refletir sobre fatos ou ações que podem ser definidos como

causadores dessa situação; discutir a situação-problema em grupo, respeitando a opinião de cada membro; propor ações para sanar a situação-problema; implementar as ações propostas; monitorar e avaliar os resultados da ação.

Capítulo 3

Atividades de autoavaliação

1. d
2. a
3. c
4. b
5. e

Atividades de aprendizagem

Questões para reflexão

1. Resposta pessoal. Somos todos seres políticos se considerarmos que temos potencial de intervir e gerar mudanças no meio social que nos circunda. O método proposto por Paulo Freire instiga cada indivíduo a conhecer a si mesmo, no sentido de codificar e decodificar os fatos e as práticas sociais estabelecidas que o circundam, refletindo sobre elas e, posteriormente, agindo e intervindo no meio. Essa prática deve estar sempre presente no exercício da atividade pedagógica para que o docente realize intervenções proativas na sociedade.
2. Resposta pessoal. A autora desta obra teve a oportunidade de vivenciar esse processo, de estar junto com uma comunidade tradicional de agricultores familiares. Algo marcante referenciado por eles foi que estavam cansados de pessoas que apareciam na comunidade, coletavam informações e depois desapareciam. Outro aspecto levantado era quanto às ações promovidas no contexto governamental. Por exemplo, participavam de um curso de panificação e aprendiam a fazer pães, mas não dispunham de recursos para produzir ou atender às

normas sanitárias de comercialização. Essa percepção só aconteceu depois que se criou um ambiente propício à reflexão, com participação em rodas de conversa, dinâmicas de grupo e dramatizações. O melhor argumento é o testemunho de quem vive a experiência.

Capítulo 4

Atividades de autoavaliação
1. e
2. b
3. a
4. c
5. d

Atividades de aprendizagem

Questões para reflexão
1. Ato reflexivo e agir com objetividade e clareza.
2. Diferentes recursos são disponibilizados nesse sentido: artigos técnico-científicos e livros especializados no tema; conversas com psicólogos ou outros profissionais que atuam na área; realização de grupos de estudo e seminários.

Capítulo 5

Atividades de autoavaliação
1. b
2. c
3. d
4. a
5. c

Atividades de aprendizagem

Questões para reflexão
1. Habilidades e competências que podem auxiliar nesse processo: ser paciente; saber ouvir; expressar-se com clareza e objetividade; conhecer sobre produção de brinquedos, por exemplo, com sucata; humildade; liderar sem autoritarismo; cooperar com os demais integrantes; saber realizar atividades em equipe.
2. As eventuais falhas podem ser reflexo de ações próprias do idealizador. Por exemplo: soberba, em vez de humildade (habilidade que um pesquisador deve ter, sendo capaz de reconhecer quando deve agir de maneira diferente ou não tem conhecimento); ausência do espírito de coletividade (mobilizar esforços para agir em conjunto); ouvir o outro (dialogar) e comunicar-se de modo direto.

Capítulo 6

Atividades de autoavaliação
1. c
2. e
3. d
4. e
5. a

Atividades de aprendizagem

Questões para reflexão
1. Todas as formas de pesquisa-ação citadas têm como finalidade alterar determinado *status quo* de um fato ou uma prática social. A forma como essa transformação acontecerá é o que difere nelas. Por exemplo, nas modalidades propostas por Tripp (2005), muito utilizadas no contexto empresarial, há a pesquisa-ação técnica, que consiste em reproduzir uma pesquisa já realizada – Franco (2005) não cita essa modalidade; na

pesquisa-ação estratégica e na prática, o pesquisador tem um papel de destaque, agindo, muitas vezes, isoladamente; na pesquisa-ação crítica e emancipatória, pesquisador e pesquisados atuam de maneira conjunta, prevalecendo a cooperação, e são tomadas decisões que podem ultrapassar as barreiras do grupo social. Soma-se a ela a pesquisa-ação socialmente crítica.
2. Resposta pessoal.

Sobre a autora

Gisele Maria Amim Caldas Lorenzi
é doutora e pós-doutora em Agronomia, na área de Desenvolvimento Rural Sustentável, pela Universidade Federal do Paraná (UFPR); mestre em Botânica, na área de Ecologia Vegetal, também pela UFPR; e especialista em Gerenciamento Ambiental para Pequenas e Médias Empresas realizado na Universidade Tecnológica Federal do Paraná (UTFPR). É graduada em Ciências Biológicas, em Ciências Sociais e em Pedagogia pela Universidade de Taubaté (Unitau), pela Universidade do Vale do Paraíba (Univap) e pela Universidade Guarulhos (UNG), respectivamente.

Atua na área educacional pública e privada desde 1984, desenvolvendo atividades de ensino, pesquisa e produção de material didático. No ensino superior, tem a oportunidade de compartilhar conhecimentos, experiências e instigar os acadêmicos a transformar seus sonhos e seus projetos em realidade. Em paralelo, tem participado do planejamento, da implementação, do monitoramento e da avaliação de projetos socioambientais para os setores público e privado.

Acredita que as grandes transformações sociais ocorrem por intermédio da educação básica, como meio de construção da cidadania, motivo pelo qual é apaixonada por atuar com adolescentes. Considera que todos os dias há algo a se aprender na convivência com alunos, colegas de trabalho, familiares e amigos. É uma eterna estudante!

Impressão:
Fevereiro/2021